KB203916

요한복음 1

일러두기 ● 이 교재는 《박영선의 다시 보는 요한복음》(출간 예정)에서 채택한 본문으로 구성되었습니다.

● 이 책에서는 개역개정판 성경을 인용하였습니다.

● 성경을 인용할 때, 절의 전체를 인용할 경우에는 큰따옴표(" ")로,
절의 일부를 인용할 경우에는 작은따옴표(' ')로 표기하였으나
예수님이 직접 하신 말씀을 인용한 경우에는 때에 따라 큰따옴표로 표기하였습니다.

● 본문에 《 》로 표기된 것은 도서를, 〈 〉로 표기된 것은 도서 외 작품을 가리킵니다.

성경공부 시리즈 112

요한복음 1

2022년 9월 7일 초판 1쇄 인쇄
2022년 9월 21일 초판 1쇄 발행

지은이 박영선
기획 강선, 박병석, 안성희, 윤철규, 최충만
편집 문선형, 정유진
디자인 잔
제작 강동현
펴낸이 최태준
펴낸곳 남포교회출판부
주소 서울특별시 송파구 올림픽로 4길 17, A동 301호
홈페이지 www.facebook.com/lampbooks **전화** 02-420-3155 **팩스** 02-419-8997
등록 2014. 2. 21. 제2014-000020호
ISBN 979-11-87506-89-8 03230

성경공부 시리즈 112

요한복음 1

JOHN 01-12

The Gospel
According to John

박영선 지음

들어가는 말

이 책은 남포교회 구역 모임을 위한 교재입니다. 요한복음 강해 설교집인 《박영선의 다시 보는 요한복음》을 저본으로, 신앙생활에서 잊지 말아야 할 가르침과 교회 생활을 하며 함께 생각해 보아야 할 점들을 염두에 두고 열한 장을 가려 뽑았습니다. 요한복음을 더 깊이 공부하길 원하는 분은 위의 설교집을 읽으면 도움이 될 것입니다. 이 공부를 통해 신앙의 핵심을 되새기고 더욱 풍성한 교회 생활을 누리기 바랍니다.

차례

들어가는 말 —— 005

1   요한의 증언이 이러하니라 (요 1:19-34) —— 008

2   그의 영광을 나타내시매 (요 2:1-11) —— 020

3   물과 성령으로 나지 아니하면 (요 3:1-15) —— 032

4   눈을 들어 밭을 보라 (요 4:27-38) —— 042

5   나를 보내신 이의 뜻대로 (요 5:30-47) —— 052

6   보내신 이의 영광을 구하는 자 (요 7:1-24) —— 064

7 나는 생명의 빛이니 (요 8:12-30) —— 074

8 진리가 너희를 자유롭게 하리라 (요 8:31-47) —— 086

9 나는 선한 목자라 (요 10:1-18) —— 096

10 나는 부활이요 생명이니 (요 11:17-27) —— 108

11 나의 장례할 날을 위하여 (요 12:1-11) —— 118

질문과 답 —— 129.

요한의 증언이
이러하니라

19 유대인들이 예루살렘에서 제사장들과 레위인들을 요한에게 보내어 네가 누구냐 물을 때에 요한의 증언이 이러하니라 20 요한이 드러내어 말하고 숨기지 아니하니 드러내어 하는 말이 나는 그리스도가 아니라 한대 21 또 묻되 그러면 누구냐 네가 엘리야냐 이르되 나는 아니라 또 묻되 네가 그 선지자냐 대답하되 아니라 22 또 말하되 누구냐 우리를 보낸 이들에게 대답하게 하라 너는 네게 대하여 무엇이라 하느냐 23 이르되 나는 선지자 이사야의 말과 같이 주의 길을 곧게 하라고 광야에서 외치는 자의 소리로라 하니라 24 그들은 바리새인들이 보낸 자라 25 또 물어 이르되 네가 만일 그리스도도 아니요 엘리야도 아니요 그 선지자도 아닐진대 어찌하여 세례를 베푸느냐 …… (요 1:19-34)

요한복음의 메시지

요한복음은 처음부터 예수를 창조주이자 말씀이고 생명이고 빛이며 은혜와 진리가 충만한 영광의 주라고 소개합니다. 요한복음의 저자는 예수의 생애를 순서대로 서술한 후에 결론적으로 그분은 어떤 분이었다고 마무리하지 않고 오히려 결론에 해당하는 내용을 맨 앞에 기록해 두었습니다. 그런 후에 이러한 예수님을 당대의 사람들이 어떻게 오해하고 왜곡했는지 여러 사건들을 들어 소개합니다.

그런 점에서 요한복음은, 사망의 세계를 영생의 세계로 만드시고 창조를 인간의 타락과 실패로 끝내지 않으시며 하나님이 창조하신 본래의 목적대로 살아가도록 인간을 구원하시고 회복하시기 위해 이 땅에 오신 예수를 먼저 소개한 다음, 그 관점을 가지고 그분의 행적을 처음부터 새삼스럽게 되짚어 보는 책이라고 할 수 있습니다.

우리 대부분은 어쩌다 예수를 믿게 되었고, 그렇게 시작된 신앙생활에서 믿음, 기적, 영생, 천국, 순종, 사랑, 기쁨 등과 같은 단어들을 익히고 사용하게 됩니다. 그런데 이런 단어들을, 그 의미를 제대로 알고 사용하는 경우는 거의 없습니다. 그렇게 되면 이런 단어들은 단순한 구호나 명분에 불과하게 되어 그 단어에 담긴 내용이 우리 삶에 구체적으로 적용되거나 실천되지 않은 채 현실을 살아가게 됩니다. 하지만 복음서는 우리가 예수 안에서 살아가게 된 현실이 실제로는 어떤 놀라운 의미가 있는지 분명하게 알려 줍니다.

예수님은 이 땅에 오셔서 자신의 죽음과 부활을 통해 새로운 세상을 우리에게 소개하셨습니다. 그런데 복음서를 읽다 보면 이런 생각이 듭니다. 예수님이 제자들을 만나 그들과 동고동락하시며, 그들의 오해를 교정하시고, 설득하시며, 그들의 배신마저 감수하시는 등의 번거로운 일들은 어찌 보면 없어도 되지 않을까 하는 생각 말입니다. 주님이 이 땅에 오셨다는 언급 후에 바로 부활이라는 영광스러운 결론으로 넘어가면 더 좋았을 것 같기도 합니다. 그런데도 성경은 제자들의 막막해하고 불안에 떠는 모습뿐만 아니라, 마지막에 예수님이 십자가에 처형당하실 때 다들 도망가 버리는 부끄러운 행동들까지 굳이 기록해 두었습니다. 성경이 이런 내용을 기록한 이유는 무엇일까요? 아니, 애초에 하나님은 왜 그런 과정들을 요구하셨을까요?

사실 복음서는 이러한 과정을 일부러 담았다고 할 수 있습니다. 예수께서 우리의 막막한 현실 가운데 찾아오셔서 우리로 당신을 믿게 하시고 우리를 새로운 운명으로 옮겨 놓으신 일이 무엇인지, 곧 믿는다는 것이 무엇이고, 믿음은 어떻게 작동하며 어떤 가치가 있는지를 설명하여 현실에서 경험하게 하는 일을 복음서의 목적으로 삼고 있기 때문입니다.

성령세례

이런 전제 위에서, 세례 요한이 등장하여 예수를 소개하는 장면을 살펴봅시다. 유대인들이 예루살렘에서 제사장들과 레위인들을 세례 요한에게 보내어 이런 질문을 합니다. "네가 그리스도냐?" 이는 '네가 특별히 지정된 하나님의 구원자, 메시아냐?'라는 질문입니다. 세례 요한이 아니라고 답하자, 유대인들이 또 묻습니다. "그럼, 네가 그 선지자냐?" "아니다." "그럼, 왜 네가 세례를 베푸느냐?"

요한은 왜 세례를 주었을까요? 회개하라고 주었습니다. 회개하라는 말은 선지자만이 할 수 있는 것입니다. 선지자가 이스라엘 백성들에게 와서 '회개하라'라고 했다면 특정 죄인들에게만 한 경고가 아닙니다. 그 시대의 모든 백성과 온 나라를 향하여 전하는 하나님의 경계(警戒)입니다. 따라서 당시 정치 지도자들과 종교 지도자들은 회개하라는 요한의 말에 자신들이 잘못한 것이 무엇인지 확인하고 싶었을 것입니다.

요한은 "나는 그리스도 곧 메시아도 아니고 그 선지자도 아니다. 이사야 선지자의 말과 같이 주의 길을 곧게 하라고 광야에서 외치는 자의 소리다"라고 말합니다. 그러면서 자신을 자신 뒤에 오시는 어떤 이와 비교합니다. 그는 '곧 내 뒤에 오시는 그이라 나는 그의 신발끈을 풀기도 감당하지 못하겠노라'(요 1:27)라고 고백하며, 자신이 그 앞에서는 존재일 수도 없는 소리일 뿐이라며 자신을 낮춥니다. 자기의 겸손을 드러내려고 하는 말이 아닙니다. '내 뒤에 오시는 그'와 비교하면 자신은 그냥 한숨이나 비명 같은 존재라고 고백한 것입니다.

공관복음에서는 세례 요한이 자신과 '내 뒤에 오시는 그'를 세례의 차이를 가지고 대조합니다. 자신은 '물로 세례를'(막 1:8) 주는 사람이고 그분은 '성령으로 세례를'(막 1:8), '성령과 불로 …… 세례를'(마 3:11, 눅 3:16) 주시는 분이라고 소개합니다. 예수님이 어떻게 다른 분인지 알려면 성령세례가 무엇이며 이 맥락에서 어떤 의미가 있는 것인지 생각해 보아야 합니다. 우선 로마서 5장을 보겠습니다.

> 한 사람의 범죄로 말미암아 사망이 그 한 사람을 통하여 왕 노릇 하였은즉 더욱 은혜와 의의 선물을 넘치게 받는 자들은 한 분 예수 그리스도를 통하여 생명 안에서 왕 노릇 하리로다 그런즉 한 범죄로 많은 사람이 정죄에 이른 것 같이 한 의로운 행위로 말미암아 많은 사람이 의롭다 하심을 받아 생명에 이르렀느니라 한 사람이 순종하지 아니함으로 많은 사람이 죄인된 것 같이 한 사람이 순종하심으로 많은 사람이 의인이 되리라 (롬 5:17-19)

여기서 아담과 예수를 대조하는 이유는 이렇습니다. 아담의 죄가 그의 후손의 운명을 결정지어 버렸습니다. 아담 자신이 죄인이 되자 그의 후손들도 다 죄인으로 태어나고 말았습니다. 후손들은 법을 어겨 죄인이 된 것이 아니라 죄인의 후손으로 태어났기에 죄인이 된 것입니다. 이에 대한 가장 분명한 증거는 율법이 있기 전, 곧 모세 이전 시대에도 사람들은 죽었다는 점입니다. 정죄할 법적 기준이 없을 때도 사람들은 죽었는데, 이는 그들이 죄인이라는 증거입니다.

그런데 아담으로 인해 그의 후손이 모두 죄인이 되고 사망 아래 있게 된 것 같이, 두 번째 아담 곧 인류의 새로운 조상으로 오신 예수로 말미암아 많은 사람이 생명에 이르게 됩니다. 예수가 사망을 폐하셨기 때문입니다. 그분은 자기의 죽음과 부활로 사망이 더는 운명이 되지 못하는 세상, 부활 즉 영생이 운명인 세상을 여신 것입니다. 하나님이 직접 오셔서 이루신 두 번째 세상, 곧 구원의 세상은 아담이 그 후손에게 끼친 영향보다 더욱 대단할 것입니다. 그 일에 대한 보증으로 성령이 우리에게 오셨습니다.

> 성령이 친히 우리의 영과 더불어 우리가 하나님의 자녀인 것을 증언하시나니 자녀이면 또한 상속자 곧 하나님의 상속자요 그리스도와 함께 한 상속자니 우리가 그와 함께 영광을 받기 위하여 고난도 함께 받아야 할 것이니라 (롬 8:16-17)

이것이 성령세례의 강점입니다. 성령이 '친히' 우리 안에 들어오셨습니다. 그분은 이미 우리 영과 더불어 우리가 하나님의 자녀인 것을 증언하십니다. 여기서 '이미'란 구원받고 천국 가기 전인 '지금'을 말합니다. 고단하고 막막한 지금, 실망스럽고 후회스러운 지금, 우리는 하나님의 자녀로 성령과 더불어 서 있습니다. 이 과정에서 영광을 위하여 고난을 받는 것은 당연한 일이라고 성경은 이야기합니다.

명예를 누릴 기회

이 지점에서 '성령께서 우리 안에 계시고 우리가 천국에 가는 것이 확정되어 있으며 우리의 운명과 하나님의 약속이 변치 않는다는 것이 사실이라면, 무엇 때문에 이렇게 열심히 사는가? 치열하게 신앙생활을 할 필요가 있는가?'라는 질문이 생깁니다. 이에 대해 성경은 이렇게 답변합니다.

> 그런즉 우리가 무슨 말을 하리요 은혜를 더하게 하려고 죄에 거하겠느냐 그럴 수 없느니라 죄에 대하여 죽은 우리가 어찌 그 가운데 더 살리요 무릇 그리스도 예수와 합하여 세례를 받은 우리는 그의 죽으심과 합하여 세례를 받은 줄을 알지 못하느냐 그러므로 우리가 그의 죽으심과 합하여 세례를 받음으로 그와 함께 장사되었나니 이는 아버지의 영광으로 말미암아 그리스도를 죽은 자 가운데서 살리심과 같이 우리로 또한 새 생명 가운데서 행하게 하려 함이라 (롬 6:1-4)

'그것은 명예에 관한 문제다. 예전에는 너희가 법 안에서 잘했느냐 못했느냐에 매여 있었다. 그때는 율법이 너희가 잘못한 것을 정죄하는 것이 전부였다. 죄를 안 짓는 게 전부였다. 그러나 이제는 예수로 말미암아, 죄를 지었느냐 안 지었느냐의 문제가 아닌, 명예로운 자인가 명예를 외면한 자인가로 나뉜다.' 세상이 바뀐 것입니다. 예수를 믿는 믿음 안에서 보면 주님을 믿으며 명예롭게 사는 자와 못난 짓을 하는 자가 있을 뿐입니다.

우리는 '성령 충만'이라는 말을 잘못 이해하는 경향이 있습니다. 그동안 한국 교회가 성령 충만의 외적 증거들을 지나치게 강조하였기에, 성령 충만의 내적 증거들에 대해서는 상대적으로 소홀히 대해 온 것 같습니다. 에베소서 5장을 살펴보겠습니다.

> 술 취하지 말라 이는 방탕한 것이니 오직 성령으로 충만함을
> 받으라 시와 찬송과 신령한 노래들로 서로 화답하며 너희의
> 마음으로 주께 노래하며 찬송하며 범사에 우리 주 예수 그리
> 스도의 이름으로 항상 아버지 하나님께 감사하며 그리스도를
> 경외함으로 피차 복종하라 (엡 5:18-21)

성령으로 충만함을 받아 '피차 복종하라'고 합니다. 이 말은 '피차 존중하라'는 말보다 더 강한 표현입니다. 세상은 누군가를 밟거나 누군가에게 보복해서 얻은 결과를 가지고 기뻐합니다. 그러나 그러한 기쁨은 진정한 기쁨이 아닙니다. 그것은 사실 절망이고 공포입니다.

우리는 다릅니다. 예수를 믿으면 우리는 하나님 나라의 통치

를 받는 시민이 됩니다. 그 일로 우리는 명예를 누릴 기회를 얻게 되었습니다. 멋지게 굴어 볼 수 있게 되었습니다. 우리는 두려울 것이 없습니다. 세상이 내게서 빼앗아 갈 수 있는 게 없기 때문입니다. 그래서 진정한 감사, 찬송, 기쁨은 우리에게만 있습니다.

히브리서 5장 8-9절을 보면, 예수님에 대해 '그가 아들이시면서도 받으신 고난으로 순종함을 배워서 온전하게 되셨은즉'이라고 기록되어 있습니다. 고난이 하는 일이 있고, 순종이 하는 일이 있습니다. 쉽게 얻은 것은 아무 일도 하지 못합니다. 예수 믿는 사람으로서 성령 충만한 인생을 산다는 것은 어떤 것일까요? 고난과 순종으로 위대해지는 것입니다. 이것이 하나님의 지혜이고 권능입니다.

질문하기

1.

복음서는 무엇을 설명하고 경험하게 하는 책입니까?
_____

2.

예수님은 자신의 죽음과 부활로 어떤 세상을 여셨습니까?
_____

3.

성령 충만한 인생을 산다는 것은 어떤 것입니까?
_____

나누기

고난과 순종으로 위대해진 경험이 있다면 함께 나누어 봅시다.

그의 영광을
나타내시매

1 사흘째 되던 날 갈릴리 가나에 혼례가 있어 예수의 어머니도 거기 계시고 2 예수와 그 제자들도 혼례에 청함을 받았더니 3 포도주가 떨어진지라 예수의 어머니가 예수에게 이르되 저들에게 포도주가 없다 하니 4 예수께서 이르시되 여자여 나와 무슨 상관이 있나이까 내 때가 아직 이르지 아니하였나이다 5 그의 어머니가 하인들에게 이르되 너희에게 무슨 말씀을 하시든지 그대로 하라 하니라 6 거기에 유대인의 정결 예식을 따라 두세 통 드는 돌항아리 여섯이 놓였는지라 7 예수께서 그들에게 이르시되 항아리에 물을 채우라 하신즉 아귀까지 채우니 8 이제는 떠서 연회장에게 갖다 주라 하시매 갖다 주었더니 9 연회장은 물로 된 포도주를 맛보고도 어디서 났는지 알지 못하되 물 떠온 하인들은 알더라 …… (요 2:1-11)

첫 표적의 가치

예수님은 포도주가 떨어진 혼인 잔치에서 물로 포도주를 만들어 기쁨을 충만하게 하는 일로 사역을 시작하십니다. 성경은 이를 "예수께서 이 첫 표적을 갈릴리 가나에서 행하여 그의 영광을 나타내시매 제자들이 그를 믿으니라"(요 2:11)라고 기록하였습니다. 여기서 말하는 '영광'은 우리가 흔히 생각하는 경쟁적 승리에서 오는 영광과는 다릅니다. 주님께서 잔치를 기쁨으로 채우신 일이 여기서 말하는 영광입니다.

살면서 경험하듯이 우리가 사는 세상은 결국 죽고 마는 세상입니다. 그래서 인생의 끝자락에 가면 다들 '열심히 살아 봤자 아무 소용이 없어'라고 후회하곤 합니다. 제 동창들도 공부 잘한 순서대로 진급을 하고, 먼저 진급한 순서대로 옷을 벗더군요. 그래서 동창들이 다 같이 모이면 '공부 잘해 봤자 아무 소용없더라'는 말을 건네곤 합니다. 이렇게 세상은 모든 것이 후회되고 헛되며 답이 없는 것처럼 삽니다. 이와 비슷하게 요즘 젊은이들은 '결혼해서 뭐해. 애는 길러서 뭐해. 괜히 서로 못할 짓만 하는 게 인생 아닐까. 그냥 내 인생 스스로 알아서 책임지면서 조용히 있다가 가면 그만이지. 애써 봐야 다 소용없어'라는 식의 생각을 삶의 지혜로 여기는 듯합니다.

그런데 본문에서 예수님은 포도주가 떨어진 혼인 잔치, 곧 웃을 일이 없어진 자리에 오셔서 기쁨을 주시는 분으로 묘사됩니다. 세상은 결국에는 사망이 끝이기 때문에 사람들은 공포와 분노의 현실을 살 수밖에 없습니다. 하지만 이제 예수로 말미암아 기쁨과 승리와 영광된 운명의 장이 열렸습니다. 이것이 바로 첫 표적의 가치입니다. 예수님은 우리가 알던 세상을 바꿔 놓으셨습니다. 절망과 비극의 인생이 아니라 이제는 소망을 가질 수 있다고 문을 열어젖히셨습니다. 이 일이 예수님의 영광입니다. 예수로 말미암아 우리는 신분과 존재와 운명이 바뀌었습니다.

그런즉 누구든지 그리스도 안에 있으면 새로운 피조물이라 이전 것은 지나갔으니 보라 새 것이 되었도다 (고후 5:17)

이 구절은 대개 '예수를 믿으면 새사람이 된다. 새로운 존재가 된다. 새로운 운명을 가진다' 정도로 해석됩니다. 그런데 그런 의미만 있는 것이 아닙니다. 예수 안에서 세상도 또한 바뀌었습니다. 나만 바뀐 게 아니라 세상도 변했습니다. 죽음이 전부인 세상에서 승리가 있는 세상으로 바뀐 것입니다.

새로운 세상의 원리

예수님이 가나 혼인 잔치에서 물로 포도주를 만든 일의 초점은 기적 자체에 있지 않습니다. 예수님이 어떤 목적으로 그 일을 행하셨는가가 중요합니다. 주님은 혼인 잔치의 기쁨을 회복하심으로 우리 삶의 기쁨을 회복하여 각각의 일상에서 기쁨과 감사로 살도록 그 길을 여신 것입니다. 에베소서 5장 말씀을 살펴보겠습니다.

> 아내들이여 자기 남편에게 복종하기를 주께 하듯 하라 이는 남편이 아내의 머리 됨이 그리스도께서 교회의 머리 됨과 같음이니 그가 바로 몸의 구주시니라 그러므로 교회가 그리스도에게 하듯 아내들도 범사에 자기 남편에게 복종할지니라 (엡 5:22-24)

우리의 신분과 존재가 바뀌었다는 사실을 전제로 하여 구체적으로 권면하는 말씀입니다. 먼저 아내를 향해 남편에게 복종하라고 권합니다. 여기서 '복종하라'는 것은 '지도를 따라가라'는 말입니다. '거기 있는 흙탕물을 마시지 말고, 여기로 와서 이 생수를 마셔라'라는 의미입니다. '네 남편은 너와 함께 복과 기쁨과 기적과 승리를 나눌 주인공이다. 그러니 너는 남편에게 복종하라'라는 의미입니다. 물론 현실의 남편은 그렇지 않으니 받아들이기 쉽지 않습니다. 말이 되지 않습니다. 그러나 이것이 하나님의 방법입니다. 성경은 남편에게도 이런 권면을 합니다.

남편들아 아내 사랑하기를 그리스도께서 교회를 사랑하시고
그 교회를 위하여 자신을 주심 같이 하라 (엡 5:25)

예수님은 우리를 당신보다 더 가치 있게 여기시며 십자가에서
돌아가셨습니다. 누군가 상대를 위해서 죽는다면 상대를 자기
보다 더 가치 있게 여긴다는 뜻입니다. 우리는 이런 사랑을 할
수 없는 존재입니다. 우리가 알고 있는 세상 법칙으로는 이해조
차 할 수 없는 사랑입니다.

"영접하는 자 곧 그 이름을 믿는 자들에게는 하나님의 자녀가
되는 권세를 주셨으니"(요 1:12)라는 말씀에서 믿음은 조건이 아
닙니다. 믿음은 새로운 세상의 원리입니다. 이전에는 자기 자신
이 한 대로 받을 뿐이었습니다. 자기 실력만큼 보상받고, 그렇
게 살다가 결국 사망으로 인생이 끝나는, 스스로 원망할 수밖에
없는 세상이었습니다.

이제 예수님이 믿음의 세계를 열어 놓으셨습니다. 믿음의 세
계는 원인과 결과의 법칙을 넘어섭니다. 하나님은 우리를 향
한 목적과 뜻을 가지고 계십니다. 복과 승리와 기쁨을 약속하는
길로 우리를 초대하십니다. 예수께서 오셔서 문을 여셨습니다.
"너희가 사는 세상의 기본 질서가 무엇이냐? 무엇으로 포장해
도 결국 공포와 절망과 분노와 원망이 전부다. 하지만 내가 다
른 세상을 열었다. 이제 너희는 그런 것들에 사로잡혀 있을 필
요가 없다. 너희를 창조한 하나님, 나를 보내신 하나님이 가지
신 목적은 너희의 찬송과 항복이다. 여기에는 믿음의 원리가 작
동한다. 여기에는 기적이 있다. 여기에는 은혜가 넘친다. 하나

님이 권능으로 일하고 계신다. 그분은 '너희는 나를 잊을지라도 나는 너희를 잊는 순간도, 너희를 외면하는 순간도 없다'라고 하신 분이다." 이것이 복음입니다. 하나님이 우리에게 이러한 복음을 가지고 현실을 살라고 요구하십니다. 이 사실을 믿고, 이것이 하나님의 지혜요 능력이라고 수긍해야 합니다. 그렇지 않으면 어떻게 될까요? 다시금 원망으로 돌아가고, 다시금 분노로 돌아가게 됩니다.

우리가 보복하거나 분노하지 않는 이유는 그것이 명분이거나 멋있는 일이기 때문이 아닙니다. 보복과 분노로는 얻을 수 있는 게 하나도 없기 때문입니다. 화를 낸다고 상대에게 항복하는 사람은 없습니다. 화를 내면 그 결과를 고스란히 자기가 뒤집어써야 합니다. 화를 내고 나면 상대방의 얼굴을 보기가 민망합니다. 사람은 화를 내는 사람 앞에서 같이 화를 내지 꼬리를 내리지 않습니다. 무서워서 꼬리를 내리는 것은 강아지이지, 사람은 항복하지 않습니다. 우리 자신을 한번 살펴보십시오. 자신도 하지 않으려는 것을 우리는 다른 사람들에게 받아 내려 합니다. 왜일까요? 불안하기 때문입니다. 현실에서 일어나는 일이 이대로 가면 망할 것처럼 보이기 때문입니다.

복음이 우리에게 들어옵니다. 예수를 믿는다는 말은 지금 우리가 사는 세상에 빛이, 생명이, 진리가, 약속이 들어왔다는 의미입니다. 우리는 여기에 속한 자들입니다. 그렇기에 멋있게 굴어야 합니다. 위대하게 살아야 합니다.

누군가를 이해시키기 위해 구구절절하게 설명하거나, 자신의 억울함을 풀기 위해 누군가를 원망하는 것은 아무것도 만들어

내지 못합니다. 우리가 잘 참으면 화를 낸 사람이 집니다. 상대방이 한 짓이 얼마나 헛된 것인지를 일일이 설명하지 마십시오. 가만히 있으면 자기 발로 와 자수할 것입니다. 이런 행동은 신자인 우리만이 할 수 있습니다. 이는 처세술이 아닙니다. 한 사람을 항복시키기 위한 교묘한 술수도 아닙니다. 이는 우리만 아는 것이고, 우리만 행할 수 있는 것입니다. 이를 두고 성경은 '세월을 아끼라'(엡 5:16), '오직 성령으로 충만함을 받으라'(엡 5:18)라고 한 것입니다. 이는 하나님이 원하시는 것이기 때문에 반드시 그렇게 살아야 합니다.

믿음 위에 역사하는 사랑

그렇다면 어떻게 살아야 합니까? 우리 모두 어떻게 부부로 살게 되었는지를 생각해 봅시다. 부부가 된 계기, 모든 부부 관계의 공통분모가 무엇입니까? 콩깍지입니다. 그땐 이럴 줄 몰랐습니다. 그땐 무언가에 씌어 있었습니다. 하나님이 인도하셨기 때문입니다. 성경이 이 부분을 이야기하는 것입니다. 에베소서는 왜 "아내들이여 자기 남편에게 복종하기를 주께 하듯 하라 ⋯⋯ 남편들아 아내 사랑하기를 그리스도께서 교회를 사랑하시고 그 교회를 위하여 자신을 주심 같이 하라"(엡 5:22-25)라고 덮어놓고 권면할까요? 하나님이 우리 인생을 계획하시고, 우리를 지명하여 부부로 짝지어 주셨기 때문입니다.

성경은 사랑이 '모든 것을 참으며 모든 것을 믿으며 모든 것을 바라며 모든 것을 견디'(고전 13:7)는 것이라며, 사랑이 믿음 위에 역사한다고 이야기합니다. 사랑은 '하나님이 이 사람을 나에게 주셨어. 내 인생을 하나님이 붙들고 계셔'라는 믿음 위에 역사 합니다. 따라서 "아, 옛날로 돌아갈 수만 있다면, 난 다른 사람을 고를 거야"라는 말은 하지 마십시오. 다른 사람을 골라도 마찬 가지입니다. 하나님이 주신 사람과 함께 내가 무엇을 만들지가 우리의 숙제인 것입니다. 좋은 조건의 사람을 고른다고 더 나은 인생이 되는 것은 아닙니다.

철이 없을 때는 '오늘만 살고 만다' 하며 자폭하는 법입니다. 그러나 모든 남자는 아내 때문에 철이 듭니다. 그리고 모든 아내는 자식 때문에 철이 듭니다. 그렇게 우리는 분노와 자폭을 지나옵니다.

우리의 인생은 헛되지 않습니다. 오늘 다 끝나 버린 것 같지만, 예수께서 십자가에 죽으심으로 승리를 약속하셨기 때문에 우리는 내일을 기약한 채 하루를 마무리하며 잠자리에 들 수 있습니다.

그러니 이제 이 사랑의 범위를 확장해야 합니다. 바리새인들이 모인 무리 중에 한 율법사가 예수님을 시험하여 묻습니다.

선생님 율법 중에서 어느 계명이 크니이까 예수께서 이르시되 네 마음을 다하고 목숨을 다하고 뜻을 다하여 주 너의 하나님을 사랑하라 하셨으니 이것이 크고 첫째 되는 계명이요 둘째도 그와 같으니 네 이웃을 네 자신 같이 사랑하라 하셨으니
(마 22:36-39)

이 말씀의 적용을 확장하는 것입니다. '네 자신 같이 사랑'할 '네 이웃'의 범위를 남편, 아내, 부모, 자식, 동료, 친구 등으로 확장하는 것입니다. 이것이 위대한 것입니다. 이는 신자인 우리만이 할 수 있습니다. 하나님 나라의 확장과 현실성을 보여 주기 위해 우리도 선지자로, 제사장으로, 왕으로 서 있습니다.

우리는 '나 하나 죽으면 그만이지, 나 하나쯤 어때?'라고 도망갈 수 없습니다. 우리는 사랑, 충만, 자라남과 같은 가치들을 현실에 적용해야 합니다. 하나님은 우리가 구하는 것보다 더 넉넉하게 우리와 우리 현실을 통해 영광을 받기 원하십니다.

질문하기

1.

가나의 혼인 잔치에서 일어난 첫 표적의 가치는 무엇입니까?

2.

예수 안에서 세상은 어떻게 바뀌었습니까?

3.

예수를 믿는다는 말의 의미는 무엇입니까?

나누기

화를 잘 참았던 경험을 이야기해 봅시다.

물과 성령으로
나지 아니하면

1 그런데 바리새인 중에 니고데모라 하는 사람이 있으니 유대인의 지도자라 2 그가 밤에 예수께 와서 이르되 랍비여 우리가 당신은 하나님께로부터 오신 선생인 줄 아나이다 하나님이 함께 하시지 아니하시면 당신이 행하시는 이 표적을 아무도 할 수 없음이니이다 3 예수께서 대답하여 이르시되 진실로 진실로 네게 이르노니 사람이 거듭나지 아니하면 하나님의 나라를 볼 수 없느니라 4 니고데모가 이르되 사람이 늙으면 어떻게 날 수 있사옵나이까 두 번째 모태에 들어갔다가 날 수 있사옵나이까 5 예수께서 대답하시되 진실로 진실로 네게 이르노니 사람이 물과 성령으로 나지 아니하면 하나님의 나라에 들어갈 수 없느니라 6 육으로 난 것은 육이요 영으로 난 것은 영이니 7 내가 네게 거듭나야 하겠다 하는 말을 놀랍게 여기지 말라 8 바람이 임의로 불매 네가 그 소리는 들어도 어디서 와서 어디로 가는지 알지 못하나니 성령으로 난 사람도 다 그러하니라 9 니고데모가 대답하여 이르되 어찌 그러한 일이 있을 수 있나이까 10 예수께서 그에게 대답하여 이르시되 너는 이스라엘의 선생으로서 이러한 것들

을 알지 못하느냐 **11** 진실로 진실로 네게 이르노니 우리는 아는 것을 말
하고 본 것을 증언하노라 그러나 너희가 우리의 증언을 받지 아니하는도
다 **12** 내가 땅의 일을 말하여도 너희가 믿지 아니하거든 하물며 하늘의
일을 말하면 어떻게 믿겠느냐 **13** 하늘에서 내려온 자 곧 인자 외에는 하
늘에 올라간 자가 없느니라 **14** 모세가 광야에서 뱀을 든 것 같이 인자도
들려야 하리니 **15** 이는 그를 믿는 자마다 영생을 얻게 하려 하심이니라
(요 3:1-15)

물과 성령으로

산헤드린 공의회 회원인 니고데모가 예수님을 찾아와 '랍비여 우리가 당신은 하나님께로부터 오신 선생인 줄 아나이다 하나 님이 함께 하시지 아니하시면 당신이 행하시는 이 표적을 아무 도 할 수 없음이니이다'(요 3:2)라고 인사말을 전했습니다. 이 인 사말은 '선생님, 선생님이야말로 구약 내내, 이스라엘 역사 내내 약속된 민족의 해방을 가져올 메시아입니다. 그래서 하늘로부 터 받은 초월적이고 기적적인 능력으로 이런 일들을 행하셨다 고 생각합니다'라는 내용을 담고 있습니다.

그러자 예수님이 '진실로 진실로 네게 이르노니 사람이 거듭 나지 아니하면 하나님의 나라를 볼 수 없느니라'(요 3:3)라고 대 답하십니다. 거듭나지 않으면, 자신이 누구인지 하나님이 누구 신지 알 수 없다는 뜻입니다. 이러한 예수님의 답변에 니고데모가 '사람이 늙으면 어떻게 날 수 있사옵나이까 두 번째 모태에 들어갔다가 날 수 있사옵나이까'(요 3:4)라고 다시 묻습니다. 예수님은 사람이 '물과 성령으로' 거듭나야 한다고 대답하십니다.

'물과 성령'은 물세례와 성령세례를 말합니다. 여기서 물세례는 '죽음'을 의미합니다. 물세례는 원래 사람을 강으로 데리고 가서 머리를 비롯한 온몸을 물에 담그는 의식입니다. 물에 온몸을 담그는 행위는 '죽었다'는 의미를 나타냅니다. 그런 후, 물에서 몸을 똑바로 일으켜 세우게 되는데, 이는 '다시 살아났다'는 의미를 나타냅니다. 여기서 '다시'는 단순히 죽었다가 살아났다는 뜻이 아니라 '새로운 사람이 되었다'는 뜻입니다. 하나님이 예수로 말미암아 옛사람을 죽이고 그를 새로운 종족으로 만드셨다는 내용을 담고 있습니다. 원래 물세례에는 이 두 가지 의미가 다 있지만, 본문 말씀에서는 물세례가 갖는 '죽음'의 의미를 좀 더 강조하고 있습니다. 반면에 성령세례는 새사람이 가지는 하나님의 영, 그로 말미암는 새로운 생명을 의미합니다. 본문은 이렇게 물세례와 성령세례를 구별하고 있습니다.

모세가 광야에서 뱀을 든 것 같이

예수께서 "모세가 광야에서 뱀을 든 것 같이 인자도 들려야 하리니"(요 3:14)라고 하신 말씀은 우선 십자가를 연상하며 이해하는 것이 맞습니다. 그렇지만 그 들려짐이 의미하는 내용은 우리가 이해하는 '십자가 = 구원'이라는 간단한 등식보다 조금 더 깊습니다.

거듭나고 구원받으면 천국에 갑니다. 그러나 구원받았다고 당장 우리가 천국에 가지는 않기 때문에 '구원받고 천국에 가기 전까지의 시간은 어떤 의미가 있는가?'라는 의문이 생깁니다. 사실 대부분의 성도는 이러한 현실 속에서 당혹스러워합니다.

대개 우리는 이 시간의 의미를, 천국에 갈 때까지 흠 없이 잘 버텨서 우리의 인내를 증명하는 시험대 같은 것으로 이해합니다. 그래서 도덕적 결함이나 윤리적 결함을 드러내지 않거나 결함이 드러나면 지우려 하거나, 또는 필요한 점수를 따기 위해 적극적으로 전도나 봉사나 구제를 함으로써 천국 가는 것이 취소되지 않기를 바랍니다. 우리는 이렇게 부정적이고 소극적인 차원에서 구원받은 자의 현실을 이해합니다. 그러나 이러한 이해는 우리의 편견에 지나지 않습니다.

예수님은 당신의 백성들이 구원을 통해 옛 세상에서 사는 옛사람이 죽고, 새 세상에서 새사람으로 태어나도록 하셨습니다. 그리고 천국에 갈 때까지 이 세상에서 천국 백성으로 살도록 하셨습니다. 그러한 새사람으로 사는 것을 성령세례로 말씀하시고, 그것을 옛사람과 대조하시면서 새사람으로 사는 일이 어떤 것인지 우리가 이해하도록 하십니다.

옛 세상은 사망이 왕 노릇을 하는 세상입니다. 거기는 판단의 잣대가 잘잘못에 불과합니다. 하지만 예수님으로 인해 우리에게 허락된 새로운 세상은 영생의 세상입니다. 여기서 영생은 죽음과 반대말 정도의 의미가 아니라 생명이 끝없이 무성하며 영광의 세상으로 나아가는 삶을 의미합니다. 잘잘못을 따지는 정도가 아니라, 잘하고 더 잘하고 기쁘고 더 기쁜 세상입니다. 이 둘을 대조해서 우리에게 보여 주시기 위해 '모세가 광야에서 뱀을 든' 구약의 사건을 인용하신 것입니다.

모세가 광야에서 들었던 놋뱀은 무엇입니까? 광야에서 이스라엘 백성이 한 원망입니다. 이스라엘 백성은 자신들이 얻은 구원이 무엇을 만드는지를 몰랐기 때문에, '이럴 바에는 왜 구원을 받았는가?'라고 생각했던 것입니다. 이처럼 구원받은 지위와 책임을 이해하지 못하면, 구원받은 게 고단해집니다. 이스라엘 백성이 불뱀에 물려 고통이 극심해지자, 고통 때문에 모세에게 울부짖었던 일을 떠올려 봅시다.

> 우리가 여호와와 당신을 향하여 원망함으로 범죄하였사오니 여호와께 기도하여 이 뱀들을 우리에게서 떠나게 하소서 (민 21:7)

모세는 백성들의 울부짖음으로 인해 그들을 위하여 하나님께 기도하고, 하나님은 모세의 기도를 들어주십니다. 그런데 하나님이 어떻게 들어주시는지 봅시다. '불뱀을 만들어 장대 위에 매달아라 물린 자마다 그것을 보면 살리라'(민 21:8)라고 말씀하셨습니다. 이 명령을 따라 모세가 놋뱀을 만들어 장대에 매달았습니다. 모세가 그렇게 한 것처럼, 십자가에 달린 예수를 가리키며 "이를 보면 다 산다"라고 주님이 말씀하시는 것입니다. 그래서 예수님이 니고데모에게 "모세가 광야에서 뱀을 든 것 같이 인자도 들려야 하리니"(요 3:14)라고 말씀하신 것입니다.

십자가를 보라

이스라엘 백성은 애굽에서 구출되었으나, 순종하지 않아 광야에서 다 죽고 맙니다. 놋뱀 사건이 이를 여실하게 드러냅니다. 이는 이스라엘 백성이 구원받지 못했다는 뜻이 아닙니다. 그들의 역사는, 구원받은 자에게 현실로 주어지는 기회에 위대함을 성취하지 못한 이들의 결말을 우리에게 보여 주는 구체적인 예인 것입니다. 우리는 이 일을 교훈으로 삼아야 합니다. 그들은 구원받은 인생을 제대로 살지 못했습니다. 그러나 우리는 더 나아가야 합니다. 그 일이 어떻게 가능할까요? 이스라엘 백성들이 뱀에게 물려서 아우성을 칠 때, 하나님이 모세에게 하신 말씀을 기억해 보십시오.

> 여호와께서 모세에게 이르시되 불뱀을 만들어 장대 위에 매달아라 물린 자마다 그것을 보면 살리라 (민 21:8)

여기서 '보면'이라는 말은 '주의 깊게 살피고 생각하라'는 뜻입니다. 광야에서 장대에 매달린 놋뱀을 이스라엘 백성이 보았듯이, 우리도 십자가를 볼 때마다 주의 깊게 살피고 잘 생각해 보아야 합니다.

사망은 패배하였습니다. 사망은 우리에게 그 어떤 영향력도 미칠 수 없습니다. 사망은 우리에게 겁을 주려고 하지만, 실상은 우리에게 아무것도 할 수 없습니다. 그리하여 우리는 그저 자신의 잘못을 되뇌기만 하는 인생이 아닌, 할 수 있는 것을 하나씩 더해 가는 그런 인생을 살게 되었습니다. 물론 우리는 많은 실수를 하며 살 것입니다. 그러나 그 실수가 우리를 훌륭하게 만들어 갈 것입니다. 실패가 실패로 끝나지 않을 것입니다. 하나님은 우리의 실패를 가지고 우리 안에 은혜를 담으시기 때문입니다. 우리가 영생 가운데 있기 때문입니다.

성경은 "너희는 절대로 포기하지 마라. 보라. 놋뱀이 장대 위에 달렸다. 예수께서 십자가에 못 박혔다. 세상 권력의 끝은 죽음에 불과하다. 사망은 사망을 만들 뿐이다. 그러나 예수는 옛 세상을 폐하고 부활을 만들어 냈다. 그분은 죽음에 부활을 담으시는 분이시다. 부활은 성실하고 능력 있는 사람에게만 주는 보상이나 훈장이 아니다. 실패한 자, 패배한 자, 그저 그렇고 그런 인생들에게서도 하나님은 부활을, 생명을 만드실 수 있다"라고 전합니다.

이러한 사실이 우리로 자폭과 체념을 능히 견뎌 내게 합니다. 그 어떤 실패에도 우리는 십자가를 보고 다시 생각할 수 있습니다. 예수님은 왜 십자가에서 돌아가셨는가? 예수님은 무엇을 위해 돌아가셨는가? 그분은 우리를 어디로 인도하시는가? 답은 분명합니다. 예수님은 우리를 부활로 인도하십니다. 그러니 옛 세상에 사로잡혀 사망에 지지 마십시오.

하루하루가 얼마나 굉장한지 보십시오. 세상의 관점에서 이야기한다면 우리의 삶은 결국 밀리고 밀려 사망의 권세 아래로 쫓겨나고 맙니다. 그게 전부라면 그저 체념하거나 자폭하면 그만입니다. 이러한 상황 속에서 단순히 "그냥 믿어"라는 말은 곤란합니다. 그렇게 말하는 것은 십자가와 구원과 신자의 현실을,

하나님이 왜 우리를 아직도 이 세상에 고생하도록 두시면서 일 하시는지에 대해 깨닫는 기회를 잃는 것입니다.

늘 잘해야만 한다는 말이 아닙니다. 주님이 인도하시는 곳은 도덕적 완벽을 요구하는 자리가 아닙니다. 해 보고 좀 더 멋있어지고 조금씩 위대해지는 자리입니다. 그러니 포기하지 마십시오. 우리 모두 이러한 현실 속에 있습니다. 이러한 광야 속에 있습니다. 우리 모두 예수를 믿어서 나오게 된 자리입니다. 종으로 살고 있는 자리가 아닙니다. 우리가 선택하고 결정하고 책임질 수 있는 위대한 자리입니다. 그러니 우리 모두 절망이 소망이 되고, 눈물이 기적이 되고, 한숨이 영광이 되며, 넘어진 자리가 훈장이 되는 길을 살아가기 바랍니다.

질문하기

1.

본문에 나오는 '물과 성령'은 무엇을 의미합니까?
_____

2.

놋뱀은 무엇입니까?
_____

3.

'놋뱀 사건'에 나타난 이스라엘에 관한 교훈은 무엇입니까?
_____

나누기

'절망이 소망이 되고, 눈물이 기적이 되고, 한숨이 영광이 되며, 넘어진 자리가 훈장이 되는' 일을 경험한 적이 있다면 함께 나누어 봅시다.

눈을 들어
밭을 보라

27 이 때에 제자들이 돌아와서 예수께서 여자와 말씀하시는 것을 이상히 여겼으나 무엇을 구하시나이까 어찌하여 그와 말씀하시나이까 묻는 자가 없더라 **28** 여자가 물동이를 버려 두고 동네로 들어가서 사람들에게 이르되 **29** 내가 행한 모든 일을 내게 말한 사람을 와서 보라 이는 그리스도가 아니냐 하니 **30** 그들이 동네에서 나와 예수께로 오더라 **31** 그 사이에 제자들이 청하여 이르되 랍비여 잡수소서 **32** 이르시되 내게는 너희가 알지 못하는 먹을 양식이 있느니라 **33** 제자들이 서로 말하되 누가 잡수실 것을 갖다 드렸는가 하니 **34** 예수께서 이르시되 나의 양식은 나를 보내신 이의 뜻을 행하며 그의 일을 온전히 이루는 이것이니라 **35** 너희는 넉 달이 지나야 추수할 때가 이르겠다 하지 아니하느냐 그러나 나는 너희에게 이르노니 너희 눈을 들어 밭을 보라 희어져 추수하게 되었도다 **36** 거두는 자가 이미 삯도 받고 영생에 이르는 열매를 모으나니 이는 뿌리는 자와 거두는 자가 함께 즐거워하게 하려 함이라 **37** 그런즉 한 사람이 심고 다른 사람이 거둔다 하는 말이 옳도다 **38** 내가 너희로 노력하지 아니한 것을 거두러 보내었노니 다른 사람들은 노력하였고 너희는 그들이 노력한 것에 참여하였느니라 (요 4:27-38)

강력한 사랑의 확인

예수님은 사마리아 여인과의 대화를 통해 자신의 사역과 자신을 보내신 아버지의 일하심에 대한 확신과 감격이 생겼습니다. 도대체 사마리아 여인의 반응이 어땠길래 예수님이 이렇게 감격하신 것일까요?

본문 말씀 28절을 보면, 여자가 물동이를 버려 두고 동네로 들어갑니다. 애초에 이 여인은 아무도 밖에 나오지 않는, 볕이 뜨거운 한낮에 물을 뜨러 우물로 왔습니다. 그런데 물동이를 내동댕이치고 동네로 뛰어가 사람들에게 말합니다. '내가 행한 모든 일을 내게 말한 사람을 와서 보라 이는 그리스도가 아니냐' (요 4:29).

그동안 여인이 행한 일이라고는 수치스러운 일뿐입니다. 예수님은 그 일들을 여인에게 말씀하셨을 뿐인데, 이 여인은 이를 들고 예수가 그리스도요 메시아이며 구세주라고 느낀 것입니다.

예수님은 이 여인을 어떻게 만났습니까? 길 가시다가 피곤해진 예수님은 우물가에 앉게 되었습니다. 그때 물 길으러 온 사마리아 여인에게 동정을 구하는 것 같은 모습으로 '물 좀 달라'며 요청하셨습니다. 그렇게 대화가 시작되었습니다. 해방자이신 구세주는 힘과 권력을 갖고 감히 쳐다볼 수 없는 위엄과 힘을 겸비하여 찾아오실 줄 알았는데, 뜻밖의 모습으로 찾아오셨습니다. 그러나 그렇게 연약한 모습으로 오신 그분은 여인의 가장 깊은 곳에 있는 갈등과 공포와 상처를 치유하셨습니다. 이러한 주님의 사역은 요한복음의 후반부로 갈수록 더욱 강화됩니다. 요한복음 7장을 봅시다.

> 명절 끝날 곧 큰 날에 예수께서 서서 외쳐 이르시되 누구든지 목마르거든 내게로 와서 마시라 나를 믿는 자는 성경에 이름과 같이 그 배에서 생수의 강이 흘러나오리라 하시니 이는 그를 믿는 자들이 받을 성령을 가리켜 말씀하신 것이라 (요 7:37-39)

외진 우물가에서 한 여인과 나눈 대화가 이제는 열린 장소에서 여러 사람 앞에 큰소리로 외치는 공개적인 초대로 확장된 것을 볼 수 있습니다.

따라서 예수께서 한 여인을 우물가에서 만나 대화하신 일은 한 목마른 남자가 한 불쌍한 여인을 찾아가 위로한 정도의 사건이 아닙니다. 그 일로 인해 예수님은 아버지께서 자신을 보내신 사실과 그 일이 영광스럽고 감격스러운 일이라는 것을 확인하게 됩니다.

예수님이 성육신하실 때 그분은 갓난아이로 태어나 우리와 똑같은 성장 과정을 거치셨습니다. 지혜와 키가 자라가고 사람들의 사랑을 받으며 그들과 더불어 사셨습니다. 그리고 하나님이 보내신 일들을 그때마다 수용하셨고, 그러한 과정을 통해 자신의 삶에 순종을 하나씩 채워 가는 과정을 겪으셨습니다.

때로는 예수님도 우셨습니다. 대표적으로 나사로의 죽음 앞에서 그의 죽음을 슬퍼하시며 우셨습니다. 곧 그를 다시 살려내실 텐데도 우셨습니다. 십자가에서도 울지 않으셨던 예수님이 말입니다. 왜 그러셨을까요? 인간이 겪는 비참한 현실을 가슴 아프게 여기셨기 때문입니다.

신이 가슴 아파한다는 사실은 신에 대한 우리의 일반적인 기대를 깨트립니다. 기독교가 말하는 신은 무정한 분이 아닙니다. 그분은 가슴 아파하고, 울고, 분노하고, 속상해하고, 우리를 붙잡고 꾸중하고 하소연하는 분입니다.

> 에브라임이여 내가 어찌 너를 놓겠느냐 이스라엘이여 내가 어찌 너를 버리겠느냐 내가 어찌 너를 아드마 같이 놓겠느냐 어찌 너를 스보임 같이 두겠느냐 내 마음이 내 속에서 돌이키어 나의 긍휼이 온전히 불붙듯 하도다 (호 11:8)

사랑이란 그런 것입니다. 주어도 주어도 모자라고, 상대방이 가슴 아파하는 걸 보면 때로는 긍휼이, 때로는 분노가 터져 나옵니다. 사랑의 힘은 이렇게 솟구쳐 나옵니다. 예수님은 이 사랑의 힘을 사마리아 여인과 만난 자리에서 깊이 체험하십니다.

우물가에 지쳐 쓰러진 처지같이

예수님의 성육신과 그분의 사랑의 행적을 보면 우리는 이런 생각이 절로 듭니다. 왜 하나님은 예수님이 사람들에게 매도되고 외면받고 고난과 수모를 겪으시며 십자가에 달려 죽으시는, 이런 곤란한 과정을 통해 일하시는가?

이러한 생각들은 우리의 신앙 현실에 대한 이해와도 연결되어 있습니다. 우리가 예수를 처음 믿었을 때, 어떤 각오와 감격으로 주께 약속했습니까? '내 평생 주만 믿고 경건하게 열심히 살겠습니다'라고 하지 않으셨나요? 그렇게 맹세한 후, 지금 우리의 형편은 어떻습니까? 하나님은 우리의 각오와 고백과 정성을 왜 받아 주지 않으실까요? 우리는 왜 이렇게 살아야 하는 걸까요? 하나님이 예수를 십자가에 못 박아 우리를 구원하기로 하셨다면, 어찌하여 이 기나긴 시간 동안 우리가 이러한 모진 고통을 겪게 두시는 걸까요?

우물가에 지쳐 쓰러진 예수님같이, 형편없는 상대에게 물을 달라고 해야 하는 그 처지같이, 하나님께서는 우리의 인생을 이러한 처지로 부르십니다. 요한복음 6장 57절 이하에서 이런 문제에 대한 답이 나옵니다.

살아 계신 아버지께서 나를 보내시매 내가 아버지로 말미암아

사는 것 같이 나를 먹는 그 사람도 나로 말미암아 살리라 이것
은 하늘에서 내려온 떡이니 조상들이 먹고도 죽은 그것과 같
지 아니하여 이 떡을 먹는 자는 영원히 살리라 (요 6:57-58)

이 떡은 이스라엘 조상들이 먹은 떡, 즉 만나와 다르다는 것입
니다. 만나는 광야 시절에 내린 양식이었으나 예수님은 영원한
생명의 양식입니다. 그 둘은 양식이라는 면에서는 같지만, 효력
면에서는 굉장한 차이가 있습니다. 만나는, 이스라엘 백성이 여
호수아를 앞세워 가나안 땅에 들어가 거기서 유월절을 지킨 후
에 그칩니다. 가나안에서는 그 땅의 소산을 먹습니다. 이처럼
만나는 임시적입니다.

우리는 이 세상의 양식을 먹음으로써 목숨을 유지하고 생활할
힘을 얻습니다. 하지만 세상의 양식이 우리에게 가치와 진리를
만들어 내는 것은 아닙니다. 가치와 진리는 예수님만이 만드실
수 있습니다. 예수님은 이를 위해 이 땅에 오셨습니다.

예수님은 생명의 양식을 우리에게 주시기 위하여 우리의 삶
과 이 세상이라는 컨텍스트에 당신을 채우십니다. 이 적대적인
오해와 죽음으로 위협하는 조건 속에서, 우리의 생애 속에 들어
와 구체적인 생명의 떡이 되어 주십니다. 또한, 그 떡이 우리의
것이 되도록 우리를 훈련하십니다. 광야에서 만나를 먹여 그 시
기를 지나게 하신 것도 가나안에 들여보내 그 안에서 삶을 살게
하기 위해서였습니다.

이 지점에서 우리는 요한복음의 시작을 되짚어 숙고해 보고자
합니다. 복음 곧 예수님이 어떻게 이 세상이 알지 못하는 새로
운 세상을 향한 약속과 목적을 가져오는지 기억해야 합니다. 요
한복음 1장입니다.

> 태초에 말씀이 계시니라 이 말씀이 하나님과 함께 계셨으니
> 이 말씀은 곧 하나님이시니라 그가 태초에 하나님과 함께 계
> 셨고 만물이 그로 말미암아 지은 바 되었으니 지은 것이 하나
> 도 그가 없이는 된 것이 없느니라 그 안에 생명이 있었으니 이
> 생명은 사람들의 빛이라 빛이 어둠에 비치되 어둠이 깨닫지
> 못하더라 (요 1:1-5)

우리는 요한복음 1장에서 이 어마어마한 선언을 들었습니다. 창
조주와 말씀이 육신이 되어 찾아오시고, 빛이 우리에게 비쳐 우
리를 구원하시는 하나님의 목적과 권능을 보게 하십니다. 그런
데 "빛이 어둠에 비치되 어둠이 깨닫지 못하더라"(요 1:5)라는 말
씀에서 보는 것처럼, 주인이 자기 백성에게 오지만 백성이 영접
하지 않습니다. 그러고 나서 어떤 말씀이 나옵니까?

> 영접하는 자 곧 그 이름을 믿는 자들에게는 하나님의 자녀가 되
> 는 권세를 주셨으니 이는 혈통으로나 육정으로나 사람의 뜻으로
> 나지 아니하고 오직 하나님께로부터 난 자들이니라 (요 1:12-13)

갑자기 '영접하는 자'가 등장합니다. '영접하는 자'는 '믿는 자'를 의미합니다. '그러니 너희는 믿어라'라고 무턱대고 이야기하는 것이 아닙니다. 아무도 몰라봤습니다. 빛이 왔으나 어둠이 깨닫지 못하고, 주인이 왔으나 자기 백성이 그분을 몰라봅니다. 그런데 바로 그때 구원이 선포됩니다. 그것은 사람이 할 수 있는 일이 아닙니다. 하나님으로부터 난 자들만이 할 수 있습니다. 예수님은 당신을 알아보지 못한 자들, 당신을 배척한 자들을 하나님의 백성으로, 영접하는 자로, 믿는 자로 만들기 위해 오셨습니다.

하나님과 우리는 어떤 관계입니까? 한쪽은 주인이고 창조주이시며, 다른 한쪽은 그분의 지음을 받고 그분에게 모든 것을 의존해야 하는 피조물입니다. 그러나 이 피조물이 감히 창조주를 반대했습니다. 하나님은 이들을 심판하셨어야 했고, 이들은 하나님을 알아봤어야 했습니다. 그러나 하나님은 당신을 몰라본 이들을 심판하지 않고 구원하기로 작정하셨습니다. 그들은 하나님을 몰라보고 배척했으나 구원을 얻습니다. 이러한 과정을 누가 묶으십니까? 바로 예수님이 묶으십니다.

우리의 현실과 방불한 성육신의 현실 속에서 예수님은 어떻게 그리 넉넉하게 사실 수 있었을까요? 이는 다만 도덕성의 문제나 윤리나 교훈적 이야기가 아닙니다. 그분은 세상이 줄 수 없는 것으로 세상을 이기셨습니다. 주님은 우리에게 사랑이 어떻게 공포를 이기는지, 십자가가 어떻게 창과 채찍을 이기는지 알려 주십니다. 우리가 아는 세상과 다른 세계를 우리에게 가르치십니다.

질문하기

1.

예수님과 사마리아 여인의 대화는 어떻게 시작되었습니까?

_____

2.

사마리아 여인의 사건에서 보듯, 하나님은 우리를 어떤 인생으로

부르십니까?

_____

3.

요한복음 1장을 보면, 구원은 어느 시점에서 선포되는 것입니까?

_____

나누기

사랑으로 공포를 이긴 경험이 있다면 함께 나누어 봅시다.

나를 보내신 이의
뜻대로

30 내가 아무 것도 스스로 할 수 없노라 듣는 대로 심판하노니 나는 나의 뜻대로 하려 하지 않고 나를 보내신 이의 뜻대로 하려 하므로 내 심판은 의로우니라 31 내가 만일 나를 위하여 증언하면 내 증언은 참되지 아니하되 32 나를 위하여 증언하시는 이가 따로 있으니 나를 위하여 증언하시는 그 증언이 참인 줄 아노라 33 너희가 요한에게 사람을 보내매 요한이 진리에 대하여 증언하였느니라 34 그러나 나는 사람에게서 증언을 취하지 아니하노라 다만 이 말을 하는 것은 너희로 구원을 받게 하려 함이니라 …… 46 모세를 믿었더라면 또 나를 믿었으리니 이는 그가 내게 대하여 기록하였음이라 47 그러나 그의 글도 믿지 아니하거든 어찌 내 말을 믿겠느냐 하시니라 (요 5:30-47)

마땅히 하실 일

다른 복음서들이 예수님의 권능에 주된 초점을 둔 반면, 요한복음은 예수님이 기적을 행하신 후에 적대자들이 그분에게 위협하고 따져 묻는 과정에서 발생한 논쟁에 초점이 맞춰져 있습니다. 그런데 예수님은 자신에 대한 세상의 무지와 말도 안 되는 적개심에서 비롯한 온갖 고초를 겪으시면서도 늘 온유하십니다. 그들을 비난하거나 심판하지 않으십니다.

본문에서 보듯이 예수님은 38년 된 병자를 고치신 후에 적대자들에게 비난을 받습니다. 예수님을 비난한 자들은 비난 대신, '고칠 수 없는 병을 고치신 분이 누구시고, 그런 일이 어떻게 가능하며, 그분의 사역이 어디까지 확장될 수 있는지'를 물어야 했습니다. 하지만 그들은 그렇게 묻지 않았습니다. 어떻게 해서

든 예수님을 처치하려고만 했습니다. 우리가 잘 알다시피, 그들은 앞으로 예수님을 더욱 강하게 비난할 것입니다. 그런데 예수님은 그러한 일에 대해서 그리 화를 내시지 않습니다. 오히려 이렇게 말씀하십니다.

> 또한 나를 보내신 아버지께서 친히 나를 위하여 증언하셨느니라 너희는 아무 때에도 그 음성을 듣지 못하였고 그 형상을 보지 못하였으며 그 말씀이 너희 속에 거하지 아니하니 이는 그가 보내신 이를 믿지 아니함이라 (요 5:37-38)

예수님은 그들이 알아듣지 못할 것을 알고 계셨고, 이 모든 일을 믿지 않을 것도 이미 알고 계셨습니다.

> 그러나 나는 사람에게서 증언을 취하지 아니하노라 다만 이 말을 하는 것은 너희로 구원을 받게 하려 함이니라 (요 5:34)

예수님은 '너희가 공감하거나 지원해 주는 것이 내가 하는 일에 힘을 더하거나 결과를 만들어 내거나 할 수 없다. 내가 온 것은 너희의 이런 무지와 오해 속에서도 구원을 베풀기 위해서다. 그것이 내가 할 일이다'라고 하십니다. 더불어 예수님은 "나는 사람에게서 영광을 취하지 아니하노라"(요 5:41)라고 하십니다. 예수님은 세상에서 중요하게 생각하는 '그가 얼마나 위대한가. 얼마나 대단한 신분인가?' 하는 여론이나 자신을 따르는 지지자들의 수를 염두에 두지 않으셨습니다.

예수님은 결국 십자가를 지실 것입니다. 십자가를 지셔야 우리의 죄가 속해지고 우리의 영혼이 부활할 수 있습니다. 그런 후에야 우리는 예수님이 누구시고, 우리가 누구인지 알게 됩니다. 예수님은 당신을 몰라보는 이들을 위해 마땅히 해야 할 일을 묵묵히 하신 것입니다.

우리는 알지 못했지만

사실 어떻게 생각해 보면, 우리의 구원을 위해 적대자들의 오해와 폭력이 점철된 수치스럽고 고통스러운 죽음을 십자가에서 맞으신 예수님의 행적은 그런대로 이해가 됩니다. 그러나 그분이 살아오신 지난 30년의 생애는 과연 어떤 의미가 있는지, 공생애와 십자가 정도면 충분할 것을 왜 그렇게 긴 세월을 보내셨는지에 대해서는 이해가 쉽지 않습니다. 주님은 왜 성육신의 인생을 걸으셨을까요? 이러한 질문에 대해 요한복음은 우리에게 중요한 깨달음을 전해 줍니다.

당시 유대인들은 자신들이 하나님을 잘 알고 있다고 생각했고, 또 하나님을 제대로 믿는다고 여겼습니다. 그러나 정작 하나님의 아들이 그들에게 오자, 그들은 그분을 믿지도 따르지도 않았습니다. 유대인들이 하나님을 믿는다고 하면서 예수를 믿지 못한 이유는 무엇일까요? 메시아가 보여 주는 표적은 강한 권력일 것이라고 생각했기 때문입니다.

그러나 예수님은 그 어떤 권력도 취하지 않으셨습니다. 요한복음 내내 예수님의 적대자들은 폭력을 사용했지만, 예수님은 전혀 폭력을 행사하지 않으셨습니다. 그뿐 아니라 예수님은 그들에게 감동을 불러일으킬 생각도, 그들을 설득할 마음도 없으셨습니다. 왜 그러셨을까요? 요한복음 1장을 살펴봅시다.

> 말씀이 육신이 되어 우리 가운데 거하시매 우리가 그의 영광을 보니 아버지의 독생자의 영광이요 은혜와 진리가 충만하더라 (요 1:14)

당시 세상은 이런 그분의 영광을 알아보지 못했습니다. 우리 역시 그분의 모습을 보고 그분이 누구인지 알아보았기 때문에 구원을 얻은 것이 아닙니다. 그분이 십자가에 달리심으로 우리가 구원을 얻은 것입니다. 예수님이 하나님의 독생자의 영광으로 이 땅에 오셨으나 우리는 이를 알지 못했습니다. 그분에게 은혜와 진리가 충만했지만 우리는 그것이 무엇인지 몰랐습니다. 요한복음 1장 14절은 이런 사실을 말하고 싶은 것입니다.

예수를 알아보아 예수를 믿게 된 것이 아닙니다. 구원을 받았기에 예수를 알아본 것입니다. 왜 이렇게 순서를 바꿔서 말하고 있을까요? 구원을 받아야 과거를 이해할 수 있기에 이렇게 전하는 것입니다. 예수님이 이 땅에 오셔서 보여 주신 성육신의 증언들은 십자가를 거친 후에야 그 뜻을 헤아릴 수 있습니다. 그제서야 그분이 구원자였고 하나님이셨음을 알 수 있습니다.

하나님의 아들이었도다

성육신하신 예수님은 적대 행위를 당하는 한복판으로 찾아오셨습니다. 예수님이 적대 행위 속으로 찾아오시는 것이 왜 필요했을까요? 우리 역시 예수를 믿으면 바로 천국에 가는 것이 아니라, 여전히 적대 행위가 권세를 부리는 세상에 살면서 구원자 하나님을 알아 가야 하기 때문입니다. 그런데 우리는 구원받은 즉시 천국에 가기를, 그렇지 않으면 예수를 증언하는 사명을 수행할 때 하나님이 천군 천사로 우리를 보호하시고, 우리의 말을 듣지 않는 자들은 멸하시고 우리의 말을 잘 듣는 자들은 살리시기를 기대합니다. 하지만 그렇게 되지 않는다는 것은 살아 보면 압니다. 속 시원하게 일이 해결된 인생은 몇 없습니다. 예수를 믿어 실제로 이익을 얻은 경우도 별로 없습니다.

대개 우리는 예수 믿는 것을 우리의 소원을 이룰 조건이나 방법같이 이해합니다. 그러나 성경은 그렇게 이야기하지 않습니다. 마치 예수님은 적대자들에게 패하시고, 예수님을 해하려는 자들은 승리한 것 같습니다. 그들이 예수님을 십자가로 끌고 가서 죽이기 때문입니다. 그런데 이러한 대조를 잘 살펴보십시오. 세상은 결국 비난하거나 보복하거나 죽이는 것을 벗어나지 못합니다. 세상은 그 이상의 실력도 없고 내용도 없습니다.

그러나 예수님은 다릅니다. 그분은 하늘에서 오신 분입니다. 그분은 하나님 아버지의 뜻을 가지고 오셨습니다. 그분은 우리를 구원하러 오셨습니다. 그분은 진리로 우리를 자유롭게 하시려고 오셨습니다. 그분은 우리에게 생명을 주시고 더 풍성히 얻

게 하시려고 오셨습니다. 놀라운 일입니다. 죽음이 전제되어야
이 결론이 나오는 것입니다. 여기에 어떤 의미가 있을까요? 고
린도전서 1장입니다.

> 십자가의 도가 멸망하는 자들에게는 미련한 것이요 구원을 받
> 는 우리에게는 하나님의 능력이라 기록된 바 내가 지혜 있는
> 자들의 지혜를 멸하고 총명한 자들의 총명을 폐하리라 하였으
> 니 지혜 있는 자가 어디 있느냐 선비가 어디 있느냐 이 세대에
> 변론가가 어디 있느냐 하나님께서 이 세상의 지혜를 미련하게
> 하신 것이 아니냐 하나님의 지혜에 있어서는 이 세상이 자기
> 지혜로 하나님을 알지 못하므로 하나님께서 전도의 미련한 것
> 으로 믿는 자들을 구원하시기를 기뻐하셨도다 (고전 1:18-21)

이 말씀에 따르면, 이 세상의 지혜로는 하나님을 이해할 수 없
고 믿을 수 없기에 하나님께서는 전도의 미련한 방법을 쓰기로
하셨답니다. 전도의 미련한 방법은 세상의 지혜와 대비되는 것
입니다. 세상의 지혜는 논리성, 치성, 주문(呪文)과 같은 방법론
입니다.

  그렇다면, 전도는 왜 세상의 지혜와 대비되는 걸까요? 구원
은 설득해서 되는 것이 아니라 믿는 자를 통해 증언될 수 있는
것이기 때문입니다. 우리 역시 세상 사람들과 똑같은 조건 속에
있습니다. 여기서 말하는 '세상 사람들과 똑같은 조건'이란, 소
원은 많으나 아무것도 받지 못한 상태를 말합니다. 이렇게 세상
사람들이 분노밖에 할 수 없는 형편에서 우리는 다르게 반응할

수 있는 것이 전도입니다. 이것이 하나님의 방법입니다. 무슨 방법을 말해서 소원을 풀어내는 것이 아닙니다. 답이 없는 인생을 예수를 믿는다는 이유로 다르게 사는 것입니다.

예수님은 하나님의 독생자의 영광이고 은혜와 진리가 충만하신 분입니다. 그분은 이 세상의 폭력에 대하여 더 큰 권력으로 그들을 짓밟아서 이기지 않으셨습니다. 이를 다 뒤집어쓰고 감수하는 방법으로 서 계십니다. 십자가에서 예수님이 돌아가시는 장면을 보고 있던 백부장이 '이는 진실로 하나님의 아들이었도다'(마 27:54; 눅 23:47)라고 했습니다. 이 말이 무슨 뜻일까요? 십자가에서 돌아가신 예수님을 보고 왜 하나님의 아들이라고 했을까요?

예수께서 '아버지 저들을 사하여 주옵소서'(눅 23:34), '다 이루었다'(요 19:30)라고 하신 말씀은 이 세상이 하는 말과 다릅니다. 우리가 경험하는 세계는 공포와 절망밖에 없습니다. 이 공포와 절망밖에 없는 곳에 세상과 다른 분이 서 계십니다. 십자가의 고통, 십자가의 죽음을 감수하시고도 넉넉하신 분이 여기 계십니다. 죽음으로 지울 수 없고, 죽음으로 덮어씌울 수 없는 존재가 십자가에 달리셨습니다. 이 죽음을 본 백부장은 그래서 '이 사람은 진실로 하나님의 아들이었도다'라고 고백할 수 있었습니다.

그렇게 십자가를 통해 구원을 얻은 우리는 예수님과 같은 공생애를 살아야 한다는 것을 깨닫습니다. 우리는 예수님을 십자가에 못 박은 세상 한가운데로 들어갑니다. 세상 사람들이 우리를 비난합니다. 빈정거립니다. 조롱합니다. 거기서 우리가 늠름하게 길을 가야 합니다. 하나님은 우리에게 이 세상의 도전을

받아 내라고 하십니다. 그 가운데서 우리를 키우십니다. 예수님
이 '아들이시면서도 받으신 고난으로 순종함을 배워서 온전하
게'(히 5:8-9) 되신 것처럼, 우리를 만나는 자들이 우리가 받은 고
난을 통해 하나님의 영광을 보는 일들이 생길 것입니다. 이것이
하나님이 일하시는 역사입니다.

질문하기

1.

요한복음은 공관복음과 어떤 점이 다릅니까?

2.

유대인들이 하나님을 믿으면서 예수님은 믿지 못한 이유는 무엇입니까?

3.

세상의 지혜와 대비되는 전도는 왜 믿는 자들을 통해 증언될 수 있습니까?

나누기

세상 사람들은 분노밖에 할 수 없는 형편에서 예수를 믿는 사람으로 다르게 반응한 경험이 있다면 나누어 봅시다.

보내신 이의
영광을 구하는 자

······ **16** 예수께서 대답하여 이르시되 내 교훈은 내 것이 아니요 나를 보내신 이의 것이니라 **17** 사람이 하나님의 뜻을 행하려 하면 이 교훈이 하나님께로부터 왔는지 내가 스스로 말함인지 알리라 **18** 스스로 말하는 자는 자기 영광만 구하되 보내신 이의 영광을 구하는 자는 참되니 그 속에 불의가 없느니라 **19** 모세가 너희에게 율법을 주지 아니하였느냐 너희 중에 율법을 지키는 자가 없도다 너희가 어찌하여 나를 죽이려 하느냐 **20** 무리가 대답하되 당신은 귀신이 들렸도다 누가 당신을 죽이려 하나이까 **21** 예수께서 대답하여 이르시되 내가 한 가지 일을 행하매 너희가 다 이로 말미암아 이상히 여기는도다 ······ (요 7:1-24)

기적과 논쟁

본문 말씀에는 마리아와 요셉 사이에서 태어난 예수님의 동생들마저 예수님을 믿지 않았다는 내용이 나옵니다. 이들은 예수님이 여러 기적을 베푸시면서도 권력에 뜻을 두지 않는 것을 이상하게 여깁니다. 동생들은 예수님께, 초막절에 백성들이 예루살렘에 많이 모이니 그곳에서 기적을 일으켜 자신이 메시아 곧 하나님의 구원자임을 밝히라고 권합니다. 예수님은 이들의 제안을 거절하십니다. 그러나 당신의 할 일을 위해 남모르게 예루살렘에 올라가십니다. 그런데 거기서 또다시 충돌이 일어납니다.

큰 갈등과 논쟁을 일으킨 원인은 요한복음 5장에 나온 38년 된 병자를 고친 사건이었습니다. 안식일에 병자를 고치신 일로 시비가 붙은 것인데, 당시 권력자들은 합세하여 예수님을 공격하고 더 나아가 예수님을 죽이려고까지 합니다. 이 일을 겪으셨는데도 예수님은 다시 예루살렘 성전에 올라가십니다. 그런데 예수님과 무리 사이에 또다시 논쟁이 벌어진 것입니다.

> 예수께서 대답하여 이르시되 내가 한 가지 일을 행하매 너희가 다 이로 말미암아 이상히 여기는도다 모세가 너희에게 할례를 행했으니 (그러나 할례는 모세에게서 난 것이 아니요 조상들에게서 난 것이라) 그러므로 너희가 안식일에도 사람에게 할례를 행하느니라 모세의 율법을 범하지 아니하려고 사람이 안식일에도 할례를 받는 일이 있거든 내가 안식일에 사람의 전신을 건전하게 한 것으로 너희가 내게 노여워하느냐 외모로 판단하지 말고 공의롭게 판단하라 하시니라 (요 7:21-24)

무리에게 하신 예수님의 말씀은 이런 것입니다. '너희가 나를 죽이려는 것은 내가 안식일에 일을 하지 말아야 한다는 율법을 어겼다고 생각하기 때문이다. 그렇다면 이것은 어떤가? 아이가 태어나면 난 지 8일 만에 할례를 준다. 아기가 태어난 지 8일째가 안식일이더라도 너희는 할례를 주지 않느냐? 너희는 모세의 법을 지킨다고 하면서 그 법을 범하기도 한다. 그런데 너희는 오직 내가 한 일에만 유독 이렇게 발톱을 세우고 있다.'

　그러면 그들은 왜 예수님이 행하신 일에만 이렇게 논쟁을 벌이는 것일까요. 예수님이 그들을 정죄했기 때문입니다. 예수님의 설명을 봅시다. "세상이 너희를 미워하지 아니하되 나를 미워하나니 이는 내가 세상의 일들을 악하다고 증언함이라"(요 7:7). 예수님은 메시아 곧 구원자로 하늘에서 오셨으나, 그들을 악하다고 정죄했기 때문에 미움을 받았습니다.

예수님이 니고데모에게 하신 '사람이 거듭나지 아니하면 하나님의 나라를 볼 수 없느니라'(요 3:3)라는 말씀이나, 도마에게 하신 '나로 말미암지 않고는 아버지께 올 자가 없느니라'(요 14:6)라는 말씀은 모두 여태껏 유대인들이 지켜 온 전통적 신앙이 아무 소용없다고 정죄하신 것이나 다름없습니다.

사망과 생명

유대인들은 자기들의 생각과 상충되는 예수를 없애려고 폭력을 씁니다. 이런 점이 논쟁을 통해 드러납니다. 잘못된 것을 따르거나 헛된 것을 기대할 때, 그 결과는 사망입니다. 세상은 사망 그 이상을 만들어 낼 실력이 없습니다. 결국 그들 자신도 사망을 면하지 못합니다. 오직 예수님만이 사망이 아닌 결론으로 우리를 이끄실 수 있습니다. 그분만이 '내가 곧 길이요 진리요 생명'이라고 말씀하셨기 때문입니다.

예수님이 당신의 공생애를 통하여 분명히 우리에게 확인시켜 주는 것이 있습니다. '세상이 만드는 것은 결국 사망에 불과하다. 오직 예수만이 생명을 만든다. 영생 곧 영원한 생명을 주실 뿐만 아니라 더 크고, 더 찬란하고, 더 풍성하게 하실 수 있는 분은 오직 예수뿐이다'라는 사실입니다.

사망과 생명의 싸움이 구체적으로 드러난 사건이 요한복음 6장에 나오는 오병이어의 기적입니다. 예수님이 보리떡 다섯 개와 물고기 두 마리로 5천 명을 먹이시고도 열두 바구니가 남습니다. 이제 무리는 예수님을 임금으로 삼으려고 합니다. 요즘 말로 '경제 대통령'으로 삼겠다는 것입니다. 그러나 예수님은 이를 거절하십니다.

기대가 가득한 채 당신을 바라보는 무리에게 예수님은 '썩을 양식을 위하여 일하지 말고 영생하도록 있는 양식을 위하여 하라'(요 6:27)라고 말씀하십니다. 무리는 예수님을 붙잡아 두려고 '우리가 어떻게 하여야 하나님의 일을 하오리이까'(요 6:28) 하고 묻습니다. 이들의 물음에 대한 예수님의 답은 '하나님께서 보내신 이를 믿는 것이 하나님의 일이니라'(요 6:29)였습니다.

여기서 우리는 다음의 대조를 보게 됩니다. 한편에는 '어차피 체념하고 포기한 인생이다. 그저 살아 있는 동안만이라도 그냥 맘 편하게 살자'는 인간의 바람이 있습니다. 맞은 편에는 '나는 그렇게 간단한 문제를 해결하러 온 것이 아니다. 나는 근본적이고 영원한 운명을 너희에게 주기 위해서 왔다. 나는 생명의 떡이다. 내 피는 새 언약의 피다'라는 예수님의 말씀이 있습니다.

이런 대조를 유념하지 않으면, 우리도 타협하듯 '뭘 더 바라겠어요. 그저 자식들 고생 안 시키고, 자존심이나 세우고 살게 해 주세요'라고 말하게 됩니다. 이런 태도는 바리새인에게서 발견할 수 있습니다.

바리새인이라고 하면 우리는 진심은 없이 겉모습만 번드르르한 이미지를 떠올립니다. 그러나 그런 것이 아닙니다. 여기서 바리새인은 생명과 영광이라는 실체가 없어서 체념하고 포기하고 사는 사람들입니다. 하나님이 그 정도로는 절대 타협하지 않으실 것을 갖고 만족하면서 그것을 진리라고 외치는 자들입니다.

예수님이 바리새인들과의 논쟁을 통해 우리에게 전하시는 메시지는 이런 것입니다. '나는 너희가 상상도 할 수 없는 큰일에 목적을 두고 있다. 나는 그것을 너희에게 주기 위해 이런 구체적인 실체로 여기에 찾아온 것이다. 나는 너희가 그 내용을 채워 하나님의 영광의 찬송이 되기를 바란다. 그 영광을 인생 속에서 누려라.' 이 메시지가 예수님의 공생애에 담겨 있습니다.

예수님은 이기는 것이 전부인 삶, 보이는 것에 승리를 걸 수밖에 없는 삶, 초라하고 헛되며 자포자기 상태에 있는 삶에 들어오셨습니다. 그곳에서 예수님은 영생, 영광, 진리, 사랑과 같은 가치로 우리에게 도전하십니다. 예수님 자신이 세상의 폭력에 저항하지 않고 이것들로 희생을 감수하십니다. 결국 예수님은 세상의 폭력에 맞서지 않고 십자가에 달리셔서 '폭력이 주님이 행하신 가치에 영향을 줄 수 없고, 죽음이 생명을 이길 수 없다'는 것을 증언하십니다.

영생의 길

우리는 죽음이 끝인 세상 속에서 죽음의 연장선 위에 있는 것들, 즉 의심, 불안, 오해, 열등감 같은 것을 두려워합니다. 이런 것들은 모두 사망으로 가는 길에 있는 것들입니다. 반면, 영생의 길에는 믿음, 인내, 충성, 용서와 같이 세상의 가치와는 전혀 다른 것들이 있습니다.

우리가 신앙생활을 하면서 겪는 큰 혼란은 '영생의 길이 궁극적 승리의 길인데, 왜 이러한 길에 무거운 짐과 고통스러운 일만 있고 승리와 통쾌함은 없는가?'라는 의문입니다.

　우리가 바라는 통쾌함이란 우리를 유혹하고 위협하는 세상을 보란 듯이 밟아 주는 데서 오는 것입니다. 이렇게 우리는 예수님을 믿으면서도 왜곡된 자존심과 권력욕으로 세상의 폭력을 휘두르는 것에 늘 마음이 기웁니다. 그러나 여기서는 사망밖에 나올 게 없습니다.

　본문에서 예수님은 적대자들에게 "너희가 어찌하여 나를 죽이려 하느냐"(요 7:19)라고 하십니다. 그들은 안심하기 위해서, 자신들의 지위를 지키기 위해서 누구를 죽여야 하는 자들입니다. 그러나 예수님은 우리를 구원하려는 자신의 사명을 성취하기 위해 죽으실 수 있는 분입니다.

　예수를 믿지 않는 자들은 이기는 게 가장 좋다고 여길 것입니다. 무엇이든 이기고 봐야 속이 후련합니다. '패배하면 괄시나 받고 고통과 멸시가 따르는데, 어떻게 질 수 있단 말입니까' 하고 우리에게 물을 것입니다. 그러나 우리가 살면서 느끼다시피, 진정한 가치는 보이는 승리가 아닙니다.

　예수를 믿는 것은 죽음 이후의 삶을 보장받기 위한 보험이 아닙니다. 살아 있는 동안 이 두 세상의 갈등을 대충 체념하고 사는 것으로는 신앙 인생이 행복할 수 없습니다. '예수를 믿으면 만사형통'이라는 말로는 신앙의 깊은 뜻이 다 담기지 못합니다.

　사랑은 대단히 고통스럽습니다. 많은 노래가 사랑을 노래하지만, 그 사랑이 즐겁다고 하지 않고 오히려 사랑의 슬픔을 노래합

니다. 〈안동역에서〉라는 노래가 있죠. '…… 안동역 앞에서 만나
자고 약속한 사람 …… 안 오는 건지 못 오는 건지'라는 가사로
유명한 가요입니다. 가슴이 아리죠. 다 배신을 하기 때문이죠.

그러나 기독교는 '하나님이 모든 사람의 아린 가슴을 알아주
시고, 우리에게 진정한 행복과 승리를 주시기 위하여 포기하지
않으시고 돌아서지 않으시고 붙잡고 계신다. 너 자신에 대해서
절망했다고 해서 끝난 것이 아니다'를 이야기합니다.

예수님은 "내 살을 먹고 내 피를 마시는 자는 내 안에 거하고
나도 그의 안에 거하나니"(요 6:56)라고 말씀하셨습니다. '내 이
름으로 네 옆에 있는 소자에게 물 한 그릇을 준 것을 내가 기억
하겠다. 네가 그런 사람이 돼라. 그렇게 행동해라. 그런 반응의
주인이 돼라.' 이런 것이 예수님이 말씀한 '내 살을 먹고 내 피를
마시는 자'에 담긴 메시지입니다. 성경은 '주문 외우듯 하지 마
라. 말만 떠들고 실제로는 아무것도 하지 않는 자가 되지 마라.
네 자신이 내 살과 내 피로 새롭게 만들어진 존재라는 것을 기
억하고 그 존재를 승리와 영광으로 끌고 가라. 오래 걸릴 것이
다. 내가 기다리겠다. 여기까지 와라' 하신 가르침을 우리에게
전합니다.

질문하기

1.

예수께서 당신의 공생애를 통하여 가장 크게 우리에게 확인시켜 주는 것은 무엇입니까?

2.

본문 말씀에서 바리새인은 어떤 자들을 대표합니까?

3.

예수님이 말씀하신 '내 살을 먹고 내 피를 마시는 자'에 담긴 메시지는 무엇입니까?

나누기

세상의 폭력과 예수는 각각 나에게 어떤 영향을 주고 있는지 함께 나누어 봅시다.

나는 생명의
빛이니

12 예수께서 또 말씀하여 이르시되 나는 세상의 빛이니 나를 따르는 자는 어둠에 다니지 아니하고 생명의 빛을 얻으리라 **13** 바리새인들이 이르되 네가 너를 위하여 증언하니 네 증언은 참되지 아니하도다 **14** 예수께서 대답하여 이르시되 내가 나를 위하여 증언하여도 내 증언이 참되니 나는 내가 어디서 오며 어디로 가는 것을 알거니와 너희는 내가 어디서 오며 어디로 가는 것을 알지 못하느니라 **15** 너희는 육체를 따라 판단하나 나는 아무도 판단하지 아니하노라 **16** 만일 내가 판단하여도 내 판단이 참되니 이는 내가 혼자 있는 것이 아니요 나를 보내신 이가 나와 함께 계심이라 **17** 너희 율법에도 두 사람의 증언이 참되다 기록되었으니 ……
(요 8:12-30)

하나님의 방법

예수님은 이 땅에 오셔서 여러 기적을 베푸시고, 하나님의 뜻을 우리에게 가르치셨습니다. 그분은 공생애 동안 사역을 하시며 예수님 당신이 하나님의 아들이기에 하나님을 알기 위해서는 당신을 믿어야 한다고 말씀하셨습니다. 당시 유대 종교 지도자들은 예수님이 하신 이 말씀을 받아들일 수 없었습니다.

'나로 말미암지 않고는 아버지께로 올 자가 없느니라'(요 14:6)와 같은 예수님의 말씀은 이제껏 그들이 붙잡고 있던 기반 곧 율법으로 확보한 그들의 지위와 권력을 무효로 만드는 발언이었기 때문입니다. 그들은 예수님이 행하신 수많은 기적 때문에 그분을 범상치 않은 인물로 여겼지만, 구원이 예수를 믿는 것으로만 가능하다는 말에는 수긍할 수 없었습니다. 그래서 그들은 예수님을 적대시했습니다.

어찌 보면 예수님이 안식일을 일부러 범하시는 것처럼 보이는 사건들이 있습니다. 중풍병자를 안식일에 고치시고는 '평생 병마에 시달려 온 사람을 놓아주는 것이 어째서 안식일을 범하는 것인가?'라는 식으로 대응하십니다. 제자들이 안식일에 밀밭에서 이삭을 자른 일로 종교 지도자들이 흠을 잡으려 할 때에도 '그게 뭐 대수냐?' 하는 식으로 반응하십니다.

요한복음 8장에는 음행 중에 잡힌 여자에게 '나도 너를 정죄하지 아니하노니'(요 8:11)라고 선언하시는 장면이 나옵니다. 율법에 따르면, 음행 중에 잡힌 사람은 분명 처벌을 받아야 합니다. 예수님은 그런 죄를 범한 여자를 용서하심으로써 율법의 처벌 조항을 무력화시키는 것 같은 말씀을 하십니다. 예수님의 이러한 말과 행동에 당시 권력자인 종교 지도자들은 당황합니다.

요한복음 말미에 가면, "예수께서 행하신 일이 이 외에도 많으니 만일 낱낱이 기록된다면 이 세상이라도 이 기록된 책을 두기에 부족할 줄 아노라"(요 21:25)라는 해설이 있습니다. 예수님은 정말 많은 기적을 행하셨습니다. 아마도 예수님은 당신이 만난 모든 사람의 소원을 다 들어주셨을 것 같기도 합니다. 그런데도 그분은 결국 십자가에 달려 돌아가십니다.

그래서 우리는 주님이 수많은 기적을 행하시고도 당시 권력자들의 손에 맥없이 죽으시는 그분의 생애에 대해 질문할 수밖에 없습니다. 당시 권력자들은 예수님이 행하신 기적도, 그분의 나약해 보이는 죽음도 제대로 이해하지 못했습니다. 예수님은 아버지께서 자신을 보내셨고, 자신은 아버지의 기쁘신 뜻에 따라 인간들이 모르는 하늘의 진리를 나누고 인간들을 구원하기 위해서 왔다고 누차 말씀하시다가 결국 죽음에 이르신 것입니다.

예수님은 왜 죽음을 택하셨을까요? 하나님은 당신의 뜻을 더 쉽게 이루실 다른 방법이 있었을 것 같은데 말입니다. 하나님의 아들을 이 땅에 보내실 필요도 없이, 구름을 가르시고 우렛소리와 함께 천사들을 보내어 악한 자들을 다 멸하시면 더 깔끔했을 것 같습니다. 그런데도 왜 굳이 아들을 보내셨을까요? 그 아들 곧 성자 하나님은 창조와 심판의 주인이시고 세상 역사를 쥐고 계신 권세자로서 이 땅에 수많은 기적을 남기셨는데도 왜 십자가에 달려 죽으셔야 했을까요? 이러한 질문들을 따라잡아야만 우리는 예수님의 성육신과 죽음에 대한 성경의 가르침에 도달할 수 있습니다.

아버지의 보냄을 받은 아들

우리는 하나님이 창조주이시며 심판자이심을 믿습니다. 시작과 끝을 쥐고 계신 분이 우리 하나님이십니다. 그런데 우리는 이를 공포 즉 두려움으로 받아들입니다. 역사와 인류의 운명을 쥐고 계신 하나님에게 잘못 보이면 벌을 받는다고 여기는 것입니다. 그러나 성경은 하나님이 창조주이자 심판자라는 말을 '하나님은 목적과 뜻을 가지고 모든 것을 시작하셨다. 그분은 정하신 목적과 뜻을 실패하지 않으신다'는 의미로 새깁니다.

예수님은 아버지의 보냄을 받아 이 땅에 오신 성자 하나님입니다. 죽은 자도 살리실 수 있는 능력을 가지신 그분이 죄를 사하시는 분으로 우리를 구원하러 오셨습니다. 이 구원을 이루려고 그분은 우리를 위해서 십자가를 지셔야 했습니다. 그리고 죽음에서 다시 살아나셨습니다. 부활로 매듭을 지어 모든 것을 뒤집으신 예수님의 생애와 그분의 정체성에 대한 성경의 설명을 눈여겨보아야 합니다.

본문에 나오는 바와 같이, 예수님은 '나는 세상의 빛이니 나를 따르는 자는 어둠에 다니지 아니하고 생명의 빛을 얻으리라'(요 8:12)라고 하십니다. 하지만 바리새인들은 '네가 너를 위하여 증언하니 네 증언은 참되지 아니하도다'(요 8:13)라고 합니다. '당신 혼자 그렇다고 우기는 것이 무슨 증거가 되고 효과가 있겠소?'라는 뜻입니다.

다시 예수님은 '내가 나를 위하여 증언하여도 내 증언이 참되니 나는 내가 어디서 오며 어디로 가는 것을 알거니와 너희는 내가 어디서 오며 어디로 가는 것을 알지 못하느니라 …… 만일 내가 판단하여도 내 판단이 참되니 이는 내가 혼자 있는 것이 아니요 나를 보내신 이가 나와 함께 계심이라 …… 내가 나를 위하여 증언하는 자가 되고 나를 보내신 아버지도 나를 위하여 증언하시느니라'(요 8:14-18)라고 하십니다. 이 말씀은 '아버지가 나를 보내셨기 때문에, 그리고 내가 아버지의 기쁘신 일을 하고 있기 때문에, 이 모든 일은 나 혼자 하는 것이 아니라 아버지와 함께 하는 것이다. 내가 아들이므로 나는 나의 말이 아닌 아버지의 말을 하는 것이고 나의 뜻이 아닌 아버지의 뜻을 행하는 것이다. 그러니 나는 언제나 내 아버지와 함께 증언하는 것이다'라는 이야기입니다.

동시대의 율법사들이나 바리새인들이 율법을 가지고서 폭력이라는 결과밖에 내지 못하고, 자신들의 지위를 위협과 권력으로 유지한 것과 대조적으로, 하나님은 자신을 증언하시기 위해 자신의 아들을 이 땅에 보내셨습니다.

그 아들은 아버지의 뜻을 이루기 위하여 온전히 기쁜 마음으로 승복하였습니다. 이에 대해 성경은 '그는 근본 하나님의 본체시나 하나님과 동등됨을 취할 것으로 여기지 아니하시고 오히려 자기를 비워 종의 형체를 가지사 사람들과 같이 되셨고 사람의 모양으로 나타나사 자기를 낮추시고 죽기까지 복종'(빌 2:6-8)하신 분이었다고 말씀합니다.

우리는 이 부분이 어렵습니다. '모든 것을 뒤집을 수 있는 권력을 가지신 창조주와 심판주이신 분이 왜 죽느냐?'를 이해하기 어렵습니다. 요한복음은 예수님을, 죽음으로까지 가는 폭력을 감수하여 창조와 심판에 사랑과 긍휼과 자비와 영광의 하나님을 담아내시는 분으로 알려 줍니다.

우리는 대개 '예수의 승복'을 윤리적 '헌신'이나 '희생'이라는 단어로 이해합니다. 하지만 헌신이나 희생보다 '아버지에 대한 아들의 항복'으로 보아야 합니다. 그 아들의 항복으로 자신을 증명하시는 하나님입니다. 그리고 이 같은 일은 예수님에게서만 그치지 않고 우리 신자들에게까지 이어집니다. 하나님이 자신의 아들을 보내어 인류를 구원하기로 하셨을 때 그분의 구원 계획에 아들의 항복이 있었던 것처럼, 모든 세대와 역사의 결국도 신자들의 항복에 의해서 하나님의 자녀의 영광에 동참하는 것으로 나타납니다. 그리고 그 예수님이 우리에게 '나를 따라오라'고 하십니다.

우리가 맡은 배역

하나님이 아들을 이 땅에 보내시어 그 아들을 통해 자신의 영광을 이루시듯, 예수님은 우리의 인생에 하나님의 영광과 구원과 진리와 승리를 담으십니다. 우리는 이러한 위대하고 영광스러운 배역에 동참하고 있습니다. 이것을 아는 일은 대단한 기쁨입니다. 요한복음 17장에 가면 이를 멋지게 설명해 놓았습니다.

> 아버지여, 아버지께서 내 안에, 내가 아버지 안에 있는 것 같이 그들도 다 하나가 되어 우리 안에 있게 하사 세상으로 아버지께서 나를 보내신 것을 믿게 하옵소서 내게 주신 영광을 내가 그들에게 주었사오니 이는 우리가 하나가 된 것 같이 그들도 하나가 되게 하려 함이니이다 곧 내가 그들 안에 있고 아버지께서 내 안에 계시어 그들로 온전함을 이루어 하나가 되게 하려 함은 아버지께서 나를 보내신 것과 또 나를 사랑하심 같이 그들도 사랑하신 것을 세상으로 알게 하려 함이로소이다 아버지여 내게 주신 자도 나 있는 곳에 나와 함께 있어 아버지께서 창세 전부터 나를 사랑하시므로 내게 주신 나의 영광을 그들로 보게 하시기를 원하옵나이다 (요 17:21-24)

성부 하나님과 성자 하나님의 연합, 그 긴밀한 관계 속에서 창조와 심판의 주이며 못하실 것이 없는 아버지께서 우리의 거부와 반대와 왜곡과 기만과 부패와 적대를 다 감수하십니다. 이는 하나님 아버지의 유일한 아들이 아버지의 기쁘신 뜻을 이루기 위하여 이 모든 것을 기꺼이 감수하기 때문입니다. 예수님은 고통스럽고 적대적인 환경과 현실 속에 들어와 이것을 감당하신 것을 아버지의 기쁨을 나누는 명예로 여기신 것처럼, 이제 우리에게 오셔서 아버지와 아들의 연합의 자리로 함께 가자고 하십니다.

오해 없이 들으십시오. 말하자면 하나님은 우리를 보고 신이 되자고 부르셨습니다. 그러한 관계로 우리를 부르셨습니다. 사랑하는 일에서는 신과 인간이라는 구별이 깨진 자리로 우리를 부르신 것입니다. 이렇게 우리는 새로운 정체성, 새로운 신분과 지위와 명예를 지니고 맞닥뜨려야 할 현실로 부름받았습니다.

언제든 우리는 하나님의 사랑과 영광을 가로막고 타협하자는 죄와 악의 권세와 도전을 직면하게 될 것입니다. 이를 넘어갈 수 없으면 예수를 믿는다는 말은 거짓말입니다. 모든 것을 마법 주문처럼 외면 해결될 것이라 바라는 것에 불과합니다. 이러면 '나는 당신보다 더 많이 가졌어. 나는 재능도 힘도 당신보다 우위에 있어'라는 우열과 승부의 개념 외에는 아무것도 아닙니다.

하나님이 이렇게 우리를 구원하시려고 합니다. '그런 짐승의 세계, 동물의 왕국에서 벗어나라. 너희는 내 자녀다. 위대한 인생을 사는 영광된 존재가 되어라'라고 매일 우리에게 전하십다. 단번에 이룰 수는 없습니다. 오랜 시간이 걸립니다. 믿는 우리는 더 많이 클 것에 대한 믿음을 잃지 않았으면 합니다. 우리 모두 함께 커나갈 믿음을 바라봅시다.

질문하기

1.

예수님 당시의 권력자들이 제대로 이해하지 못한 것은 무엇입니까?

2.

하나님은 무엇으로 자신을 증명하십니까?

3.

하나님은 우리에게 어떠한 자리로 함께 가자고 하십니까?

나누기

'그런 짐승의 세계, 동물의 왕국에서 벗어나라. 너희는 내 자녀다. 위대한 인생을 사는 영광된 존재가 되어라'라는 주님의 명령이 우리에게 어떤 반항을 불러일으키는지 함께 나누어 봅시다.

진리가 너희를
자유롭게 하리라

31 그러므로 예수께서 자기를 믿은 유대인들에게 이르시되 너희가 내 말에 거하면 참으로 내 제자가 되고 32 진리를 알지니 진리가 너희를 자유롭게 하리라 33 그들이 대답하되 우리가 아브라함의 자손이라 남의 종이된 적이 없거늘 어찌하여 우리가 자유롭게 되리라 하느냐 34 예수께서 대답하시되 진실로 진실로 너희에게 이르노니 죄를 범하는 자마다 죄의 종이라 35 종은 영원히 집에 거하지 못하되 아들은 영원히 거하나니 36 그러므로 아들이 너희를 자유롭게 하면 너희가 참으로 자유로우리라 37 나도 너희가 아브라함의 자손인 줄 아노라 그러나 내 말이 너희 안에 있을 곳이 없으므로 나를 죽이려 하는도다 38 나는 내 아버지에게서 본 것을 말하고 너희는 너희 아비에게서 들은 것을 행하느니라 …… (요 8:31-47)

너희를 자유롭게 하리라

예수님은 음행 중에 잡혀 온 여자를 놓아주시며 '나도 너를 정죄하지 아니하노니'(요 8:11)라고 말씀하십니다. 이 선언은 유대인들에게 큰 충격이었습니다. 그들이 듣기에 예수님의 말씀은 율법을 깨는 것이고, 하나님께 반항하는 것이며, 스스로 하나님에게서 떨어져 나가는 위법 행위였기 때문입니다.

그렇다고 기적을 많이 행하시는 예수님을 유대인들은 가볍게 생각할 수 없었습니다. 예수님이 당신은 하나님 아버지의 뜻을 행하러 왔다고 선언하셨기 때문에, 사람들은 그분에게 더욱 열렬한 기대와 지지를 보냈습니다. 이런 분위기 속에서 종교 지도자들은 종잡을 수 없는 예수님의 말과 행동에 어떤 위법한 것들이 있는지 밝히는 데 사활을 걸었습니다. 이들은 예수께 '당신이 누구이기에 감히 모세가 준 하나님의 법을 어기는 것이요?'

라고 묻고 싶었던 것입니다.

　요한복음 8장 32절에 보면, "진리를 알지니 진리가 너희를 자유롭게 하리라"라는 예수님의 말씀이 나옵니다. 여기서 '자유'는 '율법의 구속이나 압박에서 해방되는 것'을 의미합니다. 율법을 유일한 하나님의 말씀으로 알고 있는 사람들에게 이 발언은 충격이었고 당연히 논쟁거리가 되었습니다.

　이 말을 들은 사람들이 반문합니다. '우리가 아브라함의 자손이라 남의 종이 된 적이 없거늘 어찌하여 우리가 자유롭게 되리라 하느냐'(요 8:33). 이에 '죄를 범하는 자마다 죄의 종이라'(요 8:34)라는 예수님의 답이 이어집니다.

　예수님의 입장을 알기 쉽게 정리하자면 다음과 같이 표현해 볼 수 있습니다. '당신들은 음행 중에 잡힌 여자를 죽이려고 했는데, 내가 그 여자를 살려 주자 나도 죽이려 하지 않았소? 당신들이 가진 법, 당신들에게 최고의 진리는 결국 죽이자는 것뿐이오. 당신들은 언제나 무엇을 하든지 결국 사망이라는 결과를 내놓지 않소? 그에 반해 내 뜻은 살리자는 것이오. 당신들이 이런 나를 죽이려고 하는 것은 나를 믿지 않기 때문이고, 나를 믿지 않는다는 것은 내가 당신들에게 주려는 생명에 대해 믿지 않을 뿐 아니라 당신들이 그 생명에서 분리된 자들이기 때문이오.' 이것이 요한복음 8장에 나오는 중요한 논쟁입니다.

여기서 생명은 사망과 대비되어 있습니다. 자유는 죄와 대비되어 있고, 진리는 거짓과 대비되어 있습니다. 그렇다면, 죄란 무엇일까요? 또 거짓이란 무엇일까요? 성경이 죄와 거짓이라는 단어로 우리를 이해시키려는 초점은 무엇일까요?

성경에서 죄는 목표에 미달하는 것, 목표를 빗나가는 것입니다. 그리고 목표를 왜곡하는 것입니다. 이에 대해 우리가 일상에서 자주 접하는 사례가 있습니다. 우리가 늘상 하는 말 중에 '사는 게 사는 게 아니야'라는 말을 생각해 봅시다. 사는 게 만족스럽지 않다는 겁니다. 다른 사람들이 나를 보고 "넌 뭐든지 잘되잖아. 애들도 좋은 대학에 들어가고, 나이가 들어도 머리카락 하나 세지 않고 어쩜 이렇게 곱니. 네 남편은 이번에 대표 이사 된다며?"라며 부러워하는데, 내 속은 그렇지가 않습니다. 그때 나오는 '사는 게 사는 게 아니야'라는 말에 담긴 느낌을 우리는 다 알고 있습니다.

죄는 거짓된 것입니다. 죄 속에서 생명은 영존하지 못합니다. 가치도 영존하지 못합니다. 거기다 대고 예수님이 '내가 곧 길이요 진리요 생명이니'(요 14:6)라고 말씀하신 것입니다. '너희가 진리를 알고 진리 가운데 있다면, 너희는 영원한 가치 곧 영원한 존재가 될 것이다. 죄와 사망의 자리에 있지 않을 것이다'라는 말씀입니다.

이 말씀에는 인류의 근본적인 질문이 담겨 있습니다. '진리가 무엇인가?'라는 물음입니다. 진리가 우리에게 중요한 이유가 무엇입니까? 무엇이 옳은 것이고 무엇이 틀린 것인지를 확인할 보편적 근거나 기준이 필요하기 때문입니다. 그런데 이 기준을 아무리 분명히 세워 놓아도 문제는 있습니다.

세워 놓은 기준이 아무리 괜찮아 보여도 사망을 이기지 못한다면 허망합니다. 사망은 헛된 것이기 때문입니다. 사망은 목표에 미달한 것이기 때문입니다. 그 때문인지 몰라도 진리를 탐구하기 위해 끊임없이 질문하는 철학자들치고 웃는 얼굴이 별로 없습니다. 그들은 결국 사망을 이기지 못하기 때문입니다.

반면에 목사는 아무리 엉터리라도 웃습니다. 뭔가 앞뒤가 안 맞는 말을 하는 것 같은데, 웃으며 큰소리칩니다. 말하는 자신도 다 이해하지 못하는 분명한 근거가 있기 때문입니다. 그들은 그렇게 될 수 있는 나라에 속해 있는 것입니다.

아무리 뛰어난 가수도 교회 성가대를 따라올 수 없습니다. 성가 대원은 자기가 부르는 찬양에 어떤 임재가 있다고 믿습니다. 세상의 가수는 관객의 호응을 얼마나 받느냐로 부르는 노래의 가치가 결정되지만, 찬양대는 '하나님이 내 찬송을 받으신다'는 사실 때문에 언제나 떳떳하고 희열에 차 있습니다. 그 지위와 운명과 조건이 이렇게나 다릅니다.

예수님의 두 말씀, 곧 "진리를 알지니 진리가 너희를 자유롭게 하리라"(요 8:32)라는 말씀과 "너희는 너희 아비 마귀에게서 났으니 너희 아비의 욕심대로 너희도 행하고자 하느니라 그는 처음부터 살인한 자요 진리가 그 속에 없으므로 진리에 서지 못하고 거짓을 말할 때마다 제 것으로 말하나니 이는 그가 거짓말쟁이요 거짓의 아비가 되었음이라"(요 8:44)라는 말씀의 대조가 이 다름을 증명합니다. 진리가 무엇인지, 생명이 무엇인지, 구원이 무엇인지에 대해 설명하는 중요한 성경 구절입니다. '우리는 영생과 영광으로, 세상이 만들지 못하는 기회와 명예와 지위를 우리 인생 가운데 가지고 있다'고 말씀하시는 것입니다.

생명으로 나아가는 선택

자유는 선택을 전제로 합니다. 선택을 하려면, 먼저 그렇게 할 수 있는 지위와 신분이 있어야 합니다. 종은 선택할 수 없습니다. 종은 시키는 것만 하기 때문입니다. 하지만 우리는 종이 아닙니다. 자유가 전제된 선택을 예수님이 먼저 보여 주셨습니다.

예수님은 아버지의 뜻을 이루기 위해 이 땅에 오셨지만 굴복당해서 오신 것은 아닙니다. 그분이 선택하신 길입니다. 아무도 그분의 생명을 마음대로 빼앗을 수 없습니다. 예수님은 자신의 생명을 스스로 내놓을 수도 있고 다시 가져가실 수도 있는 생명의 주인이십니다. 자신의 생명에 대해 스스로 결정할 수 있는 분이 스스로 내놓기로 선택하신 것입니다.

신자인 우리도 생명의 주인이신 분을 따라 선택할 수 있습니다. 우리 인생에서 얼마든지 그분과 그분의 업적을 자랑하고 섬길 자유도 있고 그렇지 않을 자유도 있습니다. 우리도 현실에서 '진리가 무엇인가'라는 질문을 수없이 접합니다. 구원받은 우리에게 진리와 거짓을 판단할 근거는 예수입니다. 자유로, 해방으로, 기회로, 명예로 찾아오신 그분이 우리의 기준입니다.

하나님이 세상을 이처럼 사랑하사 독생자를 주셨으니 이는 그를 믿는 자마다 멸망하지 않고 영생을 얻게 하려 하심이라 (요 3:16)

여기서 언급한 '영생'이란 무엇입니까? 영원토록 존속하는, 풍성하고 넘치는 가치입니다. 영광의 무성함, 영광의 끝없는 발휘가 영생이고 구원입니다.

'예수를 믿으면 죽어서 천국 간다'는 메시지는 정적이고 소극적인 보상을 이야기하고 있지 않습니다. 이 말씀에는 하나님이 우리를 영원한 가치인 영광 가운데 키우시는 고난의 과정까지 포함되어 있습니다. 하나님은 고난을 통해 우리에게 더 가자고 하십니다. '사는 게 사는 게 아니야'라는 사람들의 말은 '빨리 죽는 게 복이야'로 나아갑니다. 세상은 '내가 너무 오래 산 게 죄지'라는 말을 되뇔 수밖에 없습니다. 그러나 우리는 다릅니다.

성경은 신자인 우리가 가진 자유로 영광의 자리까지 나아가라고 합니다. 자유는 아버지와 신분상 동등한 자녀들에게만 허락되고, 종에게는 허락되지 않는 것입니다. 구원으로 말미암아 종이었던 우리는 하나님의 아들과 딸로 그 신분과 지위가 달라집니다. 이와 더불어 우리에게 선택권이 주어지고 그 선택에 따른 책임도 주어집니다. 굉장한 특권입니다. 이러한 선택의 권리를 잘못 사용한 그 옛날 아담을 우리의 반면교사로 삼아야 합니다.

우리의 삶이 잘잘못을 뛰어넘는, 선택과 지위를 사용하도록 허락된 기회라는 것을 기억해야 합니다. 우선은 실력만큼 하십시오. 그래서 크십시오. 인생이 얼마나 큰 기적인지, 하나님이 얼마나 많이 나와 함께 대단한 일을 하고 계시는지 깨달으십시오. 그렇게 넉넉함으로 각자의 인생을 살기 바랍니다. 타인을 부러워하거나 원망할 필요가 없다는 것이 무엇인지 깨닫기를 바랍니다.

질문하기

1.

예수님이 음행 중에 잡혀 온 여자에게 '나도 너를 정죄하지 아니하노니'(요 8:11)라고 하신 말씀이 유대인들에게 충격으로 다가온 이유는 무엇입니까?

2.

성경에서 말하는 죄는 무엇입니까?

3.

요한복음 3장 16절에서 말하는 '영생'이란 무엇입니까?

나누기

세상 사람들이 어찌할 바를 알지 못하는 순간에도 오히려 하나님이 함께하신다는 사실 때문에 자신감과 떳떳함과 희열로 가득했던 일이 있었다면 함께 나누어 봅시다.

나는 선한
목자라

1 내가 진실로 진실로 너희에게 이르노니 문을 통하여 양의 우리에 들어가지 아니하고 다른 데로 넘어가는 자는 절도며 강도요 2 문으로 들어가는 이는 양의 목자라 3 문지기는 그를 위하여 문을 열고 양은 그의 음성을 듣나니 그가 자기 양의 이름을 각각 불러 인도하여 내느니라 …… 11 나는 선한 목자라 선한 목자는 양들을 위하여 목숨을 버리거니와 12 삯꾼은 목자가 아니요 양도 제 양이 아니라 이리가 오는 것을 보면 양을 버리고 달아나나니 이리가 양을 물어 가고 또 헤치느니라 …… 14 나는 선한 목자라 나는 내 양을 알고 양도 나를 아는 것이 15 아버지께서 나를 아시고 내가 아버지를 아는 것 같으니 나는 양을 위하여 목숨을 버리노라 ……

(요 10:1-18)

아름답고 놀라운 선언

이제까지 살펴본 요한복음의 내용을 상기해 보면, 요한복음 10장에 나온 '나는 선한 목자라'(요 10:14)라고 하신 예수님의 선언은 매우 놀랍습니다. 앞에서 예수님은 가나의 혼인 잔치에 가서 물로 포도주를 만드시고, 사마리아 여자를 만나서 따뜻한 위로를 하시고, 38년 된 병자를 고치시고, 보리떡 다섯 개와 물고기 두마리로 5천 명을 먹이시고, 또 행음 중에 잡힌 여인을 용서하시고, 날 때부터 맹인인 사람의 눈을 뜨게 하셨습니다. 이렇게 예수님은 기적을 계속 행하셨지만, 오히려 예수님 앞에는 살의와 분노에 찬 적대자들만 들끓었습니다.

우리는 이를 보며 '이런 예수님을 적대하다니 참 나쁜 놈들이다' 하는 마음을 갖게 됩니다. 그러나 요한복음은 빛이 어둠에 비치되 어둠이 깨닫지 못했다고 처음부터 못을 박고 시작합니다. 참된 주인이 세상에 왔으나 세상은 그분을 영접하지 않습니다. 그러한 조건과 현실 가운데 주를 영접하는 자, 즉 하나님의 영광을 보는 자들을 만들기 위해 예수님이 오신 것입니다.

이처럼 본문에 나온 "나는 선한 목자라 나는 내 양을 알고 양도 나를 아는 것이 아버지께서 나를 아시고 내가 아버지를 아는 것 같으니 나는 양을 위하여 목숨을 버리노라"(요 10:14-15)라는 예수님의 선언은 사람들의 불신과 왜곡과 증오와 폭력 앞에서 나온 말씀입니다. 이것은 보복의 고함도 아니고, 적대자들에 대한 심판도 아닙니다. 무지와 절망밖에 없는 곳에 놀라운 소망을, 그리고 우리를 향한 하늘 아버지의 사랑과 구원을 선포하시는 아름답고 놀라운 선언입니다.

예수님은 그간 논쟁에서 자신을 공격하는 자들을 향해 '나는 아버지를 보았다. 아버지가 나를 보냈다. 그러므로 하나님을 믿는다고 하면서 나를 믿지 않는다는 것은 앞뒤가 맞지 않는다'고 말씀하셨습니다. 복음은 하나님과 그분의 약속을 믿고 순응하는 자들에게만 온 것이 아닙니다. 하나님의 메시지를 알아듣지 못하고 이해하지 못하는 자들에게도 주님은 찾아오셨습니다. 그렇게 생명을 주시는 영광스럽고 놀라운 일들을 그들에게도 행하셨습니다.

여기에는 '나는 믿었으니까 천국 가고, 너는 안 믿었으니까 지옥 간다'와 같은 간단한 이분법이 들어설 자리가 없습니다. 하나님은 우리 모두를 구원하기를 기뻐하십니다. 누구는 이미 믿었고 누구는 아직 안 믿고 있다는 것은 중요한 문제가 아닙니다. 중요한 점은 이런 하나님의 은혜로 우리가 믿게 되었다는 것입니다. 우리가 다른 사람보다 더 낫기 때문이 아닙니다.

오히려 성경은 '은혜를 받았으면 은혜받은 자답게 살라' 하고 가르칩니다. 은혜받은 자는 자신이 아직 은혜를 받지 못한 자보다 우월하다고 생각하여 그들을 비난하거나 심판해서는 안 됩니다. 성경 전체가 이러한 가르침을 담고 있습니다. 그런데도 우리는 우리가 은혜를 받은 것이 자신의 남다른 자격이나 조건 때문이라고 생각하기에 예수를 믿고 난 다음이 재미가 없습니다.

성경이 말하는 복

예수를 믿었으면, 우리도 '나는 선한 목자라'라고 세상을 향해 말씀하시는 예수님의 자리로 넘어와야 합니다. 여기에 이르지 않으면 비난과 분노의 쓴 뿌리가 거룩한 이름이나 명분으로 자행될 뿐입니다. 신앙생활은 보상, 즉 내가 무언가를 잘해서 얻는 상이라는 관점에서 생각해서는 안 됩니다. 복음의 뜻깊은 의미를 깨닫지 못하면 스스로 가난해져 분노로 가득하게 됩니다. 이런 관점에서 시편 23편을 살펴봅시다.

여호와는 나의 목자시니 내게 부족함이 없으리로다 그가 나를 푸른 풀밭에 누이시며 쉴 만한 물가로 인도하시는도다 내 영혼을 소생시키시고 자기 이름을 위하여 의의 길로 인도하시는도다 내가 사망의 음침한 골짜기로 다닐지라도 해를 두려워하지 않을 것은 주께서 나와 함께 하심이라 주의 지팡이와 막대

기가 나를 안위하시나이다 주께서 내 원수의 목전에서 내게 상을 차려주시고 기름을 내 머리에 부으셨으니 내 잔이 넘치나이다 내 평생에 선하심과 인자하심이 반드시 나를 따르리니 내가 여호와의 집에 영원히 살리로다 (시 23:1-6)

이 고백에는 분노가 없습니다. 우리가 기대하는 폭발적 보상도 없습니다. '폭발적'이라는 것은 축구에서 결정타로 골이 터지는 것 같은 상황에서 쓰이는 말입니다. 예수를 믿는 자들에게 주어지는 보상은 주먹을 불끈 쥐거나, 안면을 경직시켜서 시종 무표정한 얼굴을 유지해야 받을 수 있는 것이 아닙니다. 신자가 받는 보상은 물의 충만함같이, 하늘의 뭉게구름같이 다가와 우리를 그 안에 완전히 잠기게 합니다.

예수님의 승리는 고함을 치거나 폭력을 행사해서 얻은 결과가 아닙니다. 예수님은 사람들의 적대감에 원한을 품지 않으셨고 대적자들을 분하게 여기지 않으셨습니다. 예수님은 그들을 구하러 오셨습니다. 누군가와 경쟁해서 이기는 것, 누군가에게 피해를 끼쳐 자기 몫을 챙기는 것과는 전혀 다른 것이 여기에 있습니다. 이런 관점을 지녀야 시편 24편을 읽을 수 있습니다.

땅과 거기에 충만한 것과 세계와 그 가운데에 사는 자들은 다 여호와의 것이로다 여호와께서 그 터를 바다 위에 세우심이여 강들 위에 건설하셨도다 여호와의 산에 오를 자가 누구며 그의 거룩한 곳에 설 자가 누구인가 곧 손이 깨끗하며 마음이 청결하며 뜻을 허탄한 데에 두지 아니하며 거짓 맹세하지 아니하는 자로다 그는 여호와께 복을 받고 구원의 하나님께 의를 얻으리니 이는 여호와를 찾는 족속이요 야곱의 하나님의 얼굴을 구하는 자로다(시 24:1-6)

얼핏 보면 이 말씀은 조건을 건 약속으로 읽힙니다. '여호와의 산에 오를 자가 누구며 그의 거룩한 곳에 설 자가 누구인가?'라는 질문에 '손이 깨끗하고 마음이 청결하고 뜻을 허탄한 데 두지 않으며 거짓 맹세하지 않는 사람이어야 한다'고 답하여 마치 여호와의 산에 오르려면 이 조건을 만족시켜야 한다는 말로 들립니다.

그러나 이 시의 시작은 이렇습니다. "땅과 거기에 충만한 것과 세계와 그 가운데에 사는 자들은 다 여호와의 것이로다"(시 24:1). 도덕성이나 종교성을 복 받을 조건처럼 요구한 것은 이러한 묘사가 우리에게 익숙한 표현이기 때문입니다. 신명기 28장에 나온 복과 저주에 대한 말씀을 봅시다.

네가 네 하나님 여호와의 말씀을 삼가 듣고 내가 오늘 네게 명령하는 그의 모든 명령을 지켜 행하면 …… 네가 들어와도 복을 받고 나가도 복을 받을 것이니라(신 28:1-6)

네가 만일 네 하나님 여호와의 말씀을 순종하지 아니하여 내가 오늘 네게 명령하는 그의 모든 명령과 규례를 지켜 행하지 아니하면 …… 네가 들어와도 저주를 받고 나가도 저주를 받으리라(신 28:15-19)

이 말씀은 복이란 여호와를 아는 것이고, 기쁨이란 여호와께 순종하는 것이라고 말하려는 것이지, 복을 받는 조건과 저주를 받는 조건을 방법론으로 알려 주어 구별하려는 데 목적이 있지 않습니다. 요한복음 9장에서 맹인이었던 자가, 왜곡과 거짓과 폭력으로 예수님을 대적하는 종교 지도자들에게 했던 말을 기억하십니까?

> 창세 이후로 맹인으로 난 자의 눈을 뜨게 하였다 함을 듣지 못하였으니 이 사람이 하나님께로부터 오지 아니하였으면 아무 일도 할 수 없으리이다 (요 9:32-33)

이런 말을 듣고도 종교 지도자들은 예수를 죽이려고 합니다. 그런데 예수님은 그런 사람들 곧 맹인일 뿐 아니라 그 일을 보고도 모르는 자, 모를 뿐 아니라 예수님을 증오하고 폭력으로 제압하는 자까지 따뜻하게 품으십니다.

성경은 복에 대해, 예수로부터 끊어지면 얻을 수 없는 것, 그분께 귀속되어야 받는 것이라고 가르칩니다. 그분으로부터 분리되면 그 자체가 저주이고 파멸입니다.

더 깊은 자리

실존주의자인 알베르 카뮈가 《시지프 신화》에서 이렇게 말했습니다. "인간의 지성이 자신을 넘어서는 현실과 부둥켜안고 대결

하는 광경보다 더 아름다운 광경은 없을 것이다."* 놀라운 표현입니다. 이 문장은 '하나님'이 없는 것만 빼고는 성경이 다루는 내용을 충실하게 증언합니다. 인간의 오기는 답을 낼 수 없는데도 끝까지 놓지 않고 있습니다. 자존심으로 그렇게 버티고 있는 것입니다.

하나님만이 우리에게 답을 주실 수 있습니다. 하나님은 우리가 찾으려는 답이 무엇인지 물으십니다. 또한 홀로 온 우주와 인생의 주인이 되겠다는 것과 하나님의 품에 거하며 순종하는 것 중에 어느 것이 더 나은지 물으십니다. 하나님의 이 물음에 대한 인간의 반응이 역사요, 인생입니다.

쉽게 믿고 답할 수 있는 것을 복이라고 생각하는 사람이 있을지 모르겠습니다. '무자식이 상팔자'라는 식으로 아무것도 모르고 사는 것이 우리가 바라는 복일 수 있습니다. 그러나 더 깊은 자리로 가려면, 긴장과 갈등과 고민이 있을 수밖에 없습니다. 성경은 이를 중요하게 다루고 있습니다.

우리의 인생은 날마다 이러한 도전 가운데 있습니다. 악당만 물리치면 바로 선한 세상이 되는 것이 아닙니다. 하나님이 당신의 아들을 보내신 이유와 하나님이 주시려는 그분의 크고 놀라운 약속이 무엇인지 깨닫는 것이 중요합니다. 우리로 이를 깨닫게 하기 위해 하나님은 우리 인생 가운데 우리 스스로 항복할 시간을 주십니다.

이 진정한 싸움에서 물러나면 남는 것은 비난밖에 없습니다.

* 알베르 카뮈 지음, 김화영 옮김, 《시지프 신화》(민음사), 85쪽.

누구를 비난하고 원망해서 대리 만족하는 것이 전부일 뿐입니다. 그런 신앙의 자리에 만족하면 안 됩니다. 하나님이 일하고 계시기 때문입니다. 그 도전을 받아 내시고, 우리가 만들 수 없는 것으로 나아오라고 부르시는 하나님의 영광과 감격과 명예와 승리가 있는 초대에 참여하기를 바랍니다. 하나님의 따뜻한 부르심을 소중하고 기쁘게 받아들이는 우리가 되기를 바랍니다.

질문하기

1.

'나는 선한 목자라'라는 예수님의 말씀은 어떤 선언입니까?

2.

시편 23편에 없는 것은 무엇입니까?

3.

성경이 말하는 복은 어떻게 얻을 수 있습니까?

나누기

악당을 물리치면 선한 세상이 될 것이라고 착각하는 우리에게
하나님이 주시는 도전은 무엇인지 생각하고 나누어 봅시다.

나는 부활이요 생명이니

…… **19** 많은 유대인이 마르다와 마리아에게 그 오라비의 일로 위문하러 왔더니 **20** 마르다는 예수께서 오신다는 말을 듣고 곧 나가 맞이하되 마리아는 집에 앉았더라 **21** 마르다가 예수께 여짜오되 주께서 여기 계셨더라면 내 오라버니가 죽지 아니하였겠나이다 **22** 그러나 나는 이제라도 주께서 무엇이든지 하나님께 구하시는 것을 하나님이 주실 줄을 아나이다 **23** 예수께서 이르시되 네 오라비가 다시 살아나리라 **24** 마르다가 이르되 마지막 날 부활 때에는 다시 살아날 줄을 내가 아나이다 **25** 예수께서 이르시되 나는 부활이요 생명이니 나를 믿는 자는 죽어도 살겠고 **26** 무릇 살아서 나를 믿는 자는 영원히 죽지 아니하리니 이것을 네가 믿느냐 **27** 이르되 주여 그러하외다 주는 그리스도시요 세상에 오시는 하나님의 아들이신 줄 내가 믿나이다 (요 11:17–27)

부활에 대한 이해

본문 말씀은 예수님이 죽은 나사로를 살려 내신 사건을 다룹니다. 죽은 사람을 살려 냈다니 굉장한 사건입니다. 죽음이 운명이고, 죽음이 절대 권력인 세상에 예수님이 등장하셔서 그 절대 권력을 깨부수셨기 때문입니다. 인간의 궁극적 운명이 죽음이 아니라 생명과 영생이라는 예수님을 통한 하나님의 선포입니다.

본문에서 마르다는 부활을 종말론적 사건으로 이해하고 있습니다. 부활을, 사람이 죽은 후에 천국에서 다시 깨어나는 것으로만 이해할 뿐, 지금 현실을 사는 신자에게 어떤 의미가 있는지까지는 잘 생각하지 못하고 있습니다. 죽음이 아니라 영생이 인간의 운명이라는 것을 미처 깨닫지 못한 것입니다. 부활의 권능으로 영생이 약속으로 주어져 있으나 지금의 현실은 아직도 죽음이 최고의 권력이고 공포입니다.

신자인 우리는 죽은 후에 다시 살아날 것을 믿습니다. 마르다처럼, 예수님이 '나를 믿는 자는 죽어도 살겠고'(요 11:25)라고 선언하신 의미는 알고 있으나, '무릇 살아서 나를 믿는 자는 영원히 죽지 아니하리니'(요 11:26)라는 말씀은 아직 현실에 적용하지 못합니다.

본문에서 언급한 '산다'는 문제, 곧 '우리는 생명이 사망을 이기는 세계에 살고 있다. 우리는 영생의 세계에 속해 있다'는 주제는 매우 중요합니다. 그리고 이를 이해하고 현실에 적용하는 것은 더 중요합니다.

예수께서 그가 우는 것과 또 함께 온 유대인들이 우는 것을 보시고 심령에 비통히 여기시고 불쌍히 여기사 이르시되 그를 어디 두었느냐 이르되 주여 와서 보옵소서 하니 예수께서 눈물을 흘리시더라 이에 유대인들이 말하되 보라 그를 얼마나 사랑하셨는가 하며 (요 11:33-36)

예수님이 눈물을 흘리셨습니다. 이 눈물에는 '나는 너희를, 죽음을 최종 목표로 삼는 자들로 만들지 않았다. 죽는 게 끝이 아니라는 말이다. 내가 인간을 창조할 때, 하나님의 형상으로 복되고 영광된 승리자로 만들었다'라는 의미가 담겨 있습니다. 예수님은 죄 아래 있는 인류의 현실적 비극에 대해 분노하신 것입니다.

예수님은 나사로를 살리셔서 인류를 그런 비극적 한계 바깥으로 끌어내시고 있습니다. 나사로를 살리셨듯, 예수님은 우리도 죄와 사망의 비극과 절망에서 구원하여 소망과 승리 속으로 이미 불러내셨다는 것을 이해해야 합니다.

영광된 삶으로의 초대

요한복음 8장에 나온 음행 중에 잡힌 여인의 사건은 요한복음 11장까지의 내용을 이해할 수 있는 단초가 됩니다. 예수님이 그 여자에게 '나도 너를 정죄하지 아니하노니 가서 다시는 죄를 범하지 말라'(요 8:11)라고 하셨습니다. 이 말씀은 그저 도덕적인 가르침이 아닙니다. 이런 죄를 짓는 비참한 인생을 살지 말고, 하나님이 인간에게 허락하신 영광된 삶을 살라는 초대입니다. 예수님의 말씀을 도덕이나 윤리적 관점에서만 보면 부활 생명으로 우리에게 허락된 예수의 권세를 실제로 누리는 데 실패하게 됩니다.

요한복음 9장은 실로암 사건입니다. 볼 수 없고, 보아도 모르는 무력한 우리에게 예수님이 오셔서 우리를 보게 하시고 납득시키시고 우리로 경험하게 하시며 분별하게 하셨습니다. 하나님이 우리로 부활과 영생을 깨닫게 하시며 죄 아래 신음하고 낙심할 수밖에 없던 삶과 대조되는 인생을 살도록 하셔서 우리를 항복시키시는 시간입니다.

영생을 약속하시고 나사로를 살리신 하나님이 우리에게도 같은 믿음을 고백하게 하십니다. 그런데도 우리가 '왜 아무것도 보상해 주시지 않느냐'고 하나님을 원망하는 것은, 부활 생명이 사망 권세와 대조되는 현실 속에서 하나님이 우리를 차근차근 납득시키고 계시는 과정을 모르기 때문입니다. 궁극적 승리와 보상은 천국에 있을 것이지만, 지금도 하나님의 일은 이루어지고 있습니다.

하나님은 인류의 선조들이 택했던 자리와 하나님이 인간에게 목적하시는 자리를 현실 속에서 대비해 보여 주십니다. 선조들의 실패를 그냥 지워 버리시지 않습니다. 우리 선조들의 선택이 가져온 결과와 내용을, 하나님이 인간들에게 목적하셔서 이루신 결과와 내용에 대조하게 하여 우리가 승복할 시간을 주십니다. 우리에게 현실, 곧 사망이 최종 권세인 것같이 으르렁거리는 위협과 공포 앞에서 하나님의 사람으로 클 수 있는 기회를 주십니다.

영생에 대한 책임

예수님은 '길이요 진리요 생명'이십니다. 이 중 어느 것 하나 우리가 만들 수 있는 것이 없습니다. 우리가 아는 것은 갈증뿐입니다. 우리는 참된 행복을 만들 수 없습니다.

정직도 마찬가지입니다. 우리의 정직은 타인에 대한 비난에 불과합니다. '어떻게 그럴 수 있냐'며 타인을 비난하는 것이 우리가 할 수 있는 정직의 최대치입니다. 정직의 참된 가치인 용서와 따뜻한 말은 '정직'이라는 단어와 좀처럼 동반되지 않습니다. 인간은 이를 만들어 내지 못합니다. 왜 그럴까요? 인간은 죽음 아래 붙잡혀 있기 때문입니다.

우리는 가치 있는 것이나 복된 것을 만들어 낼 실력이 없습니다. 그런 것은 하나님이 예수 안에서만 허락하셨습니다. 그러니 우리는 죽음을 이기고 부활과 영생의 약속을 이해하여 참된 기쁨과 감사와 위대함과 영광을 바라보는 자로서 세상을 살아야 합니다. 신자는 여전히 사망 권세가 힘을 쓰는 세상, 곧 위험과 공포가 가득한 현실 속에서 영생에 대한 책임을 갖고 살아야 합니다.

우리가 부활의 경이를 제대로 이해하지 못할 때, 우리의 기도는 고급한 주문과 고상한 독백에 불과하게 됩니다. 우리가 부활 생명이 주어진 인생을 살고 있다는 것을 알지 못하면, 그저 뻔한 소리나 해서 외면하고 도망가는 것밖에는 할 수 있는 것이 없게 됩니다. 울고 회개하는 것으로 떠넘긴다면, 이것은 영생을 통해 얻은 책임 있는 삶을 미루는 방식이 되고 맙니다.

사망이 우리를 좌지우지할 수 없습니다. 신자인 우리만이 진리를 이야기할 수 있고, 소망과 용서와 기쁨을 말할 수 있습니다. 우리 누구나 그렇게 할 수 있습니다. 살면서 그렇게 할 기회가 얼마든지 주어져 있습니다.

'반갑다. 보고 싶었다'라고 말하는 게 뭐가 그리 어렵습니까? 아첨을 떨라는 말이 아닙니다. 이런 일상을 살아 내어 우리가 처한 이 구체적인 시간과 공간 속에서, 나라는 조건 속에서 실제로 살아 내라고 예수님은 '나사로야, 나오라' 하고 부르셨습니다. 이런 삶은 한 번의 감동이나 한 번의 결심으로 때울 수 없습니다. 우리가 그토록 지루해하고 원망하는 긴 세월에 걸쳐 우리

전 생애를 통해 하나님이 일하고 계십니다. 우리가 과거를 원망하며 '그때는 내가 왜 그랬지? 그때 하나님은 뭐하고 계셨지?' 하고 진을 빼는 것은 인생으로부터 도망치는 것과 같습니다. 후회와 원망으로 가득한 과거의 실패가 오늘을 사는 우리에게 일하는 것을 기대하고 확인합시다.

성경이 이스라엘 역사를 기록한 이유는, 우리에게 '이스라엘 백성은 열 가지 재앙을 보고 만나와 메추라기를 먹고도 실패했어'라고 비판하라고 하는 데 목적이 있지 않습니다. 그들의 실패를 보고 그들보다 한 걸음 더 나아가라고 말씀합니다. 이 역사의 유산, 곧 너희 선조들의 실패를 거울 삼아 '너희는 복이 돼라. 너희는 더 잘난 결정을 해라'가 성경이 우리에게 전하는 내용입니다.

우리 인생, 즉 지금 이 시간과 이 세상은 하나님이 나를 보내신 귀한 자리입니다. 바로 여기가 하나님이 원하신 자리라는 것을 기억해야 합니다. 우리는 하나님이 기뻐하시는 목적과 내용을 증언하는 자리에 부름받았습니다. 이를 아는 행복과 기쁨이 있기를, 오늘을 살 수 있게 하는 하나님의 자녀된 복과 권능이 우리 모두에게 임하기를 바랍니다.

질문하기

1.

예수께서 나사로를 일으키신 사건을 통해 성경은 '산다'는 문제에 대해 무엇이라고 말합니까?

2.

음행 중에 잡힌 여인에게 하신 말씀, '가서 다시는 죄를 범하지 말라'라는 예수님의 말씀을 설명해 봅시다.

3.

여전히 사망의 권세가 힘을 쓰는 세상에서 신자는 어떤 책임을 가지고 살아야 합니까?

나누기

사망 권세가 힘을 쓰는 세상, 곧 위험과 공포가 가득한 현실에서 신자는 영생의 책임을 가지고 어떻게 살아가야 하는지 구체적으로 나누어 봅시다.

나의 장례할 날을
위하여

1 유월절 엿새 전에 예수께서 베다니에 이르시니 이곳은 예수께서 죽은 자 가운데서 살리신 나사로가 있는 곳이라 2 거기서 예수를 위하여 잔치할새 마르다는 일을 하고 나사로는 예수와 함께 앉은 자 중에 있더라 3 마리아는 지극히 비싼 향유 곧 순전한 나드 한 근을 가져다가 예수의 발에 붓고 자기 머리털로 그의 발을 닦으니 향유 냄새가 집에 가득하더라 4 제자 중 하나로서 예수를 잡아 줄 가룟 유다가 말하되 5 이 향유를 어찌하여 삼백 데나리온에 팔아 가난한 자들에게 주지 아니하였느냐 하니 6 이렇게 말함은 가난한 자들을 생각함이 아니요 그는 도둑이라 돈궤를 맡고 거기 넣는 것을 훔쳐 감이러라 7 예수께서 이르시되 그를 가만 두어 나의 장례할 날을 위하여 그것을 간직하게 하라 …… (요 12:1-11)

향유를 부은 일

마리아는 죽었던 자신의 오라비 나사로를 살리신 예수님이 자기 집에 오셨기에, 기쁘고 감사하며 경외하는 마음으로 예수님을 맞이합니다. 당시 유대 사회에는 다른 사람의 집을 방문할 때 손과 발을 씻도록 하는 정결법이 있었습니다. 손님이 방문하면 집주인이 손과 발을 씻을 물을 내주는 것이 유대인들에게는 당연한 일이었습니다.

그런데 마리아는 물이 아닌 값비싼 향유 곧 순전한 나드 한 근을 가져다가 예수님의 발에 붓고 자기 머리카락으로 그분의 발을 닦습니다. 이것을 본 가룟 유다는 '이 향유를 어찌하여 삼백 데나리온에 팔아 가난한 자들에게 주지 아니하였느냐'(요 12:5)라고 항의합니다. 본문에는 이 항의에 대한 부연 설명이 있습니다. "이렇게 말함은 가난한 자들을 생각함이 아니요 그는 도둑이라 돈궤를 맡고 거기 넣는 것을 훔쳐 감이러라"(요 12:6).
쉽게 말해, 회계를 맡은 유다가 돈을 빼먹으려 그 말을 했다고
쓴 셈입니다.

　우리는 가룟 유다가 예수님을 배신한 일을 알고 있고, 또 그에
대한 해설(요 12:6)도 있으니 유다가 회계와 관련된 부정을 종종
저질렀을 것이라고 생각해 볼 수 있습니다. 하지만 요한복음 12
장 6절에 있는 가룟 유다에 대한 부연 설명은 윤리적이고 도덕
적인 차원에서 그를 비난하려고 주어진 것이 아닙니다. 예수님
이 누구신지 모르면 인생은 거짓말하고 속이는 것 외에 아무것
도 할 것이 없다는 것을 알려 주려는 것입니다. 그러니 가룟 유
다를 비난하는 것으로 본문에서 교훈을 얻었다면 성경을 충분
히 읽어 냈다고 할 수 없습니다.

가룟 유다와 같은 비난

마리아는 감격과 기쁨으로 예수님의 발에 향유를 부었습니다.
마리아는 예수님이 그럴 가치가 있는 분이라고 생각하고 믿었
습니다. 그런데 마리아는 예수님이 인간들을 위해 죽으셔야 한
다는 사실까지는 몰랐습니다. 말하자면 마리아는 예수님이 구
세주시라는 것은 알았지만, 그분이 죽으심으로 자신의 감사와
경배를 온전하게 한다는 사실은 몰랐던 것입니다.

　마가복음 14장에도 비슷한 사건이 기록되어 있습니다. 예수께
서 베다니 나병 환자 시몬의 집에서 식사하실 때, 한 여자가 매우

값진 향유를 가져와 예수의 머리에 붓습니다. 이 장면에서도 사람들이 화를 내어 서로 말을 주고받는데, '어찌하여 이 향유를 허비하는가 이 향유를 삼백 데나리온 이상에 팔아 가난한 자들에게 줄 수 있었겠도다'(막 14:4-5)라며 여자를 책망합니다. 이것을 보시고 예수님이 말씀하십니다.

> 예수께서 이르시되 가만 두라 너희가 어찌하여 그를 괴롭게 하느냐 그가 내게 좋은 일을 하였느니라 가난한 자들은 항상 너희와 함께 있으니 아무 때라도 원하는 대로 도울 수 있거니와 나는 너희와 항상 함께 있지 아니하리라 그는 힘을 다하여 내 몸에 향유를 부어 내 장례를 미리 준비하였느니라 내가 진실로 너희에게 이르노니 온 천하에 어디서든지 복음이 전파되는 곳에는 이 여자가 행한 일도 말하여 그를 기억하리라 하시니라 (막 14:6-9)

당시 한 데나리온은 하루치 노동 임금이니까 삼백 데나리온은 일 년 치 품삯에 해당합니다. 여기서 보듯, 여인의 이와 같은 행동을 어처구니없어하는 것은 가룟 유다만이 아니었습니다.

여인의 행동은 자신의 처지에서 예수님에게 감사를 표시한 일이었을 것입니다. 그런데 이 행동은 후에 훨씬 크고 위대한 사건을 위해 예비한 일로 역사에 남게 되었습니다. 예수께 향유를 부어 표현한 감사와 숭배는, 지금 경험한 감격과 기쁨보다 훨씬 큰 내용으로 하나님이 일하신다는 것을 예비적으로 보여주는 일이었던 것입니다.

반면, 가룟 유다의 못난 짓은 한 개인의 잘못에만 그치는 것이 아니라, 예수 없이 사는 인생이 내릴 수밖에 없는 선택을 보여줍니다. 우리는 이 대조를 분명히 해 두어야 합니다. 요한복음 12장 말미를 봅시다.

> 예수께서 외쳐 이르시되 나를 믿는 자는 나를 믿는 것이 아니요 나를 보내신 이를 믿는 것이며 나를 보는 자는 나를 보내신 이를 보는 것이니라 나는 빛으로 세상에 왔나니 무릇 나를 믿는 자로 어둠에 거하지 않게 하려 함이로라 사람이 내 말을 듣고 지키지 아니할지라도 내가 그를 심판하지 아니하노라 내가 온 것은 세상을 심판하려 함이 아니요 세상을 구원하려 함이로라 (요 12:44-47)

예수님은 '사람이 내 말을 듣고 지키지 않았더라도 내가 그를 심판하지 않는다'라고 하십니다. 예수님의 관심은 그런 데에 있지 않습니다. 이 구절을 통해 우리는 '누구는 믿지 않았다. 누구는 잘못했다'를 지적하는 것으로 예수 믿는 표를 내서는 안 된다는 것을 확인할 수 있습니다.

예수를 믿으면, 그동안 누릴 수 없었던 기회가 열린 자리에 가게 됩니다. 그런데 우리는 아직 그럴 수 없는 자들을 비난하기만 하고 기회가 열린 자리에서 마땅히 해야 할 일들은 하나도 하지 않습니다. 본문 속 가룟 유다의 생색내기와 비슷합니다.

가룟 유다는 예수님을 믿는 것이 아니라, 예수님을 이용해서 자기 확인과 자기 증명을 하며 예수님을 자신의 생존을 위한 수

단으로 삼을 뿐입니다. 이런 모습을 잘했다 잘못했다로 평가하는 것은 나중 일입니다. 우선 가룟 유다는 그럴 수밖에 없었습니다. 예수를 모르면 다 그렇게 살 수밖에 없습니다. 이 점을 알아야 합니다. 이런 모습이 표면에 드러나 욕먹는 사람이 있고, 수면 아래 감춰져 크게 욕먹지 않는 사람이 있지만, 다 같은 처지입니다.

하나님의 편드심

누가복음에도 예수님께 향유를 부은 여인이 나옵니다.

> 그 여자를 돌아보시며 시몬에게 이르시되 이 여자를 보느냐 내가 네 집에 들어올 때 너는 내게 발 씻을 물도 주지 아니하였으되 이 여자는 눈물로 내 발을 적시고 그 머리털로 닦았으며 너는 내게 입맞추지 아니하였으되 그는 내가 들어올 때로부터 내 발에 입맞추기를 그치지 아니하였으며 너는 내 머리에 감람유도 붓지 아니하였으되 그는 향유를 내 발에 부었느니라 이러므로 내가 네게 말하노니 그의 많은 죄가 사하여졌도다 이는 그의 사랑함이 많음이라 사함을 받은 일이 적은 자는 적게 사랑하느니라 이에 여자에게 이르시되 네 죄 사함을 받았느니라 하시니 (눅 7:44-48)

예수님은 자신에게 향유를 부은 이 여인에게 "네 죄 사함을 받았느니라"라고 선언하십니다. 죄를 지은 여자가 먼저 회개하고 죄 사함을 요청한 후 울며 간구해서 얻은 죄 사함이 아닙니다. 예수님이 이 불쌍한 여자의 처지에 대해 누군가에게 부탁을 받아 반응하신 것도 아닙니다. 예수님은 그저 여자의 형편을 보고 죄를 사하신 것입니다.

우리는 죄 사함을 선언하려면 죄를 지은 사람이 어떤 조건을 충족해야 할 것이라 생각합니다. 죄를 많이 지었다면, 먼저 예수께 믿음으로 나아와 용서와 구원을 구해야 한다고 생각합니다. 그러나 성경은 그렇게 이야기하지 않습니다. 예수님은 그냥 여자를 용서하시고 죄 사함을 선언하십니다. 함께 앉아 있는 사람들이 다 놀랍니다. '이가 누구이기에 죄도 사하는가'(눅 7:49). 예수님은 그 여인이 당신이 만든 자녀요 백성이요 약속하고 목적한 존재이기에 용서하신 것입니다.

다시 본문 말씀으로 돌아와 봅시다. 마리아의 행위가 예수의 장례를 예비했다고 이야기하는 것은 '그들에게 일어난 모든 일과 처지에 대해 하나님은 부모로서, 그들을 당신의 자식으로 대하고 있다. 그것은 제한과 조건의 범위를 넘어서는 것이다. 예수님은 당신이 죽는 자리까지 그들을 위하실 것이다. 이것이 하나님의 기쁨이다'라는 선언입니다.

하나님은 우리를 위해 기꺼이 자신의 목숨까지 내어놓으십니다. 우리는 이것을 비장한 사랑이라고 생각합니다. 그러나 그런 것이 아닙니다. 우리도 연애하던 시절에 들었던 마음입니다. 사랑하는 사람을 위해서는 자기가 죽어도 좋다는 심정을 가져 본 적이 있지 않습니까. 비장한 마음이 아니라, 기쁨으로 가득한 마음입니다. 사랑을 하면 상대방의 어떤 모습도 좋습니다. 상대 방의 눈이 하나밖에 없으면, 자기 눈을 빼 주든지, 자기도 눈 하나를 빼 버리든지 할 것처럼 합니다. 그게 사랑입니다.

하나님이 이렇게 우리에게 찾아오시고, 이렇게 우리를 대접하십니다. 이것이 성경이 하고 싶은 이야기입니다. 예수님은 '나는 너희를 편들러 왔다. 나는 너희에게 조건을 내걸지 않는다. 너희는 다른 자격이 필요 없다. 나는 무조건 너희 편이다. 너희를 위해서라면 뭐든지 할 수 있다. 너희는 죄 사함을 받았다. 나는 너희를 위해 죽을 것이다. 그만큼 나는 너희를 사랑한다'라고 말씀하시는 것입니다.

하나님이 우리를 편드신다는 것을 생각하십시오. '하나님이 우리를 위하시면 누가 우리를 대적하리요 자기 아들을 아끼지 아니하시고 우리 모든 사람을 위하여 내주신 이가 어찌 그 아들과 함께 모든 것을 우리에게 주시지 아니하겠느냐'(롬 8:31-32)라는 말씀을 기억하십시오. 이 말씀이 우리에게 어떤 위협과 공포 속에서도 살아갈 유일한 근거와 넉넉한 힘이라는 것을 안다면, 예수 믿는 것은 참으로 신나는 일이 될 것입니다.

질문하기

1.

성경이 가룟 유다를 통해 알려 주고 있는 사실은 무엇입니까?

_____

2.

마리아가 감격과 기쁨으로 예수님의 발에 향유를 부으면서도 몰랐던 사실은 무엇입니까?

_____

3.

마리아의 향유를 부은 행위가 예수의 장례를 예비했다고 이야기하는 것은 어떤 선언입니까?

_____

나누기

살면서 '나는 무조건 네 편이야. 너를 위해서라면 뭐든지 할 수 있어'와 같은 대우를 받은 경험이 있다면 나누어 봅시다.

질문과 답

01 · 요한의 증언이 이러하니라

1. 복음서는 무엇을 설명하고 경험하게 하는 책입니까?

예수께서 우리의 막막한 현실 가운데 찾아오셔서 우리로 당신을 믿게 하시고 우리를 새로운 운명으로 옮겨 놓으신 일이 무엇인지, 곧 믿는다는 것이 무엇이고, 믿음은 어떻게 작동하며 어떤 가치가 있는지를 설명하여 현실에서 경험하게 하는 책입니다. (11, 12쪽)

2. 예수님은 자신의 죽음과 부활로 어떤 세상을 여셨습니까?

사망이 더는 운명이 되지 못하는 세상, 부활 즉 영생이 운명인 세상입니다. (14쪽)

3. 성령 충만한 인생을 산다는 것은 어떤 것입니까?

고난과 순종으로 위대해지는 것입니다. (17쪽)

02 · 그의 영광을 나타내시매

1. 가나의 혼인 잔치에서 일어난 첫 표적의 가치는 무엇입니까?

예수로 말미암아 기쁨과 승리와 영광된 운명의 장이 열린 것입니다. (23쪽)

2. 예수 안에서 세상은 어떻게 바뀌었습니까?

죽음이 전부인 세상에서 승리가 있는 세상으로 바뀌었습니다.
(23쪽)

3. 예수를 믿는다는 말의 의미는 무엇입니까?

지금 우리가 사는 세상에 빛이, 생명이, 진리가, 약속이 들어왔
다는 의미입니다. (26쪽)

03 · 물과 성령으로 나지 아니하면

1. 본문에 나오는 '물과 성령'은 무엇을 의미합니까?

물세례와 성령세례를 의미합니다. (35쪽)

2. 놋뱀은 무엇입니까?

광야에서 이스라엘 백성이 한 원망입니다. (37쪽)

3. '놋뱀 사건'에 나타난 이스라엘에 관한 교훈은 무엇입니까?

'그들은 구원받은 인생을 제대로 살지 못했다. 그러나 우리는 더
나아가야 한다'는 것입니다. (38쪽)

04 · 눈을 들어 밭을 보라

1. 예수님과 사마리아 여인의 대화는 어떻게 시작되었습니까?

길 가시다가 피곤해진 예수님은 우물가에 앉게 되었고 그때 물 길으러 온 사마리아 여인에게 동정을 구하는 것 같은 모습으로 '물 좀 달라'는 요청을 하여 시작되었습니다. (45쪽)

2. 사마리아 여인의 사건에서 보듯, 하나님은 우리를 어떤 인생으로 부르십니까?

우물가에 지쳐 쓰러진 예수님같이, 형편없는 상대에게 물을 달라고 해야 하는 그 처지같이, 하나님은 우리의 인생을 이렇게 부르십니다. (47쪽)

3. 요한복음 1장을 보면, 구원은 어느 시점에서 선포되는 것입니까?

빛이 왔으나 어둠이 깨닫지 못하고, 주인이 왔으나 자기 백성이 그분을 몰라본 바로 그때입니다. (50쪽)

05 · 나를 보내신 이의 뜻대로

1. 요한복음은 공관복음과 어떤 점이 다릅니까?

다른 복음서들이 예수님의 권능에 주된 초점을 둔 반면, 요한 복음은 예수님이 기적을 행하신 후에 적대자들이 그분에게 위협하고 따져 묻는 과정에서 발생한 논쟁에 초점이 맞춰져 있습니다. (54쪽)

2. 유대인들이 하나님을 믿으면서 예수님은 믿지 못한 이유는 무엇입니까?

메시아가 보여 주는 표적은 강한 권력일 것이라고 생각했기 때문입니다. (56쪽)

3. 세상의 지혜와 대비되는 전도는 왜 믿는 자들을 통해 증언될 수 있습니까?

세상 사람들이 분노밖에 할 수 없는 형편에서 우리는 다르게 반응할 수 있기 때문입니다. (59, 60쪽)

06 · 보내신 이의 영광을 구하는 자

1. 예수께서 당신의 공생애를 통하여 가장 크게 우리에게 확인시켜 주는 것은 무엇입니까?

'세상이 만드는 것은 결국 사망에 불과하다. 오직 예수만이 생명을 만든다. 영생 곧 영원한 생명을 주실 뿐 아니라 더 크고, 더 찬란하고, 더 풍성하게 하실 수 있는 분은 오직 예수뿐이다'라는 사실입니다. (68쪽)

2. 본문 말씀에서 바리새인은 어떤 자들을 대표합니까?

생명과 영광이라는 실체가 없어서 체념하고 포기하고 사는 사람들이며, 하나님이 그 정도로는 절대 타협하지 않으실 것을 갖고 만족하면서 그것을 진리라고 외치는 자들을 대표합니다. (69, 70쪽)

3. 예수님이 말씀하신 '내 살을 먹고 내 피를 마시는 자'에 담긴 메시지는 무엇입니까?

'내 이름으로 네 옆에 있는 소자에게 물 한 그릇을 준 것을 내가 기억하겠다. 네가 그런 사람이 돼라. 그렇게 행동해라. 그런 반응의 주인이 돼라'입니다. (72쪽)

07 · 나는 생명의 빛이니

1. 예수님 당시의 권력자들이 제대로 이해하지 못한 것은 무엇입니까?

　예수님이 행하신 기적과 그분의 나약해 보이는 죽음입니다. (77쪽)

2. 하나님은 무엇으로 자신을 증명하십니까?

　그 아들의 항복입니다. (80쪽)

3. 하나님은 우리에게 어떠한 자리로 함께 가자고 하십니까?

　아버지와 아들의 연합의 자리입니다. (82쪽)

08 · 진리가 너희를 자유롭게 하리라

1. 예수님이 음행 중에 잡혀 온 여자에게 '나도 너를 정죄하지 아니하노니'(요 8:11)라고 하신 말씀이 유대인들에게 충격으로 다가온 이유는 무엇입니까?

　그들이 듣기에 예수님의 말씀은 율법을 깨는 것이고, 하나님께 반항하는 것이며, 스스로 하나님에게서 떨어져 나가는 위법 행위였기 때문입니다. (88쪽)

2. 성경에서 말하는 죄는 무엇입니까?

목표에 미달하는 것, 목표를 빗나가는 것, 그리고 목표를 왜곡하는 것입니다. (90쪽)

3. 요한복음 3장 16절에서 말하는 '영생'이란 무엇입니까?

영광의 무성함, 영광의 끝없는 발휘입니다. (93쪽)

09 · 나는 선한 목자라

1. '나는 선한 목자라'라는 예수님의 말씀은 어떤 선언입니까?

무지와 절망밖에 없는 곳에 놀라운 소망을, 우리를 향한 하늘 아버지의 사랑과 구원을 선포하시는 아름답고 놀라운 선언입니다. (99쪽)

2. 시편 23편에 없는 것은 무엇입니까?

분노, 폭발적 보상입니다. (101쪽)

3. 성경이 말하는 복은 어떻게 얻을 수 있습니까?

예수로부터 끊어지지 않고 그분께 귀속되어야 얻을 수 있습니다. (103쪽)

10 · 나는 부활이요 생명이니

1. 예수께서 나사로를 일으키신 사건을 통해 성경은 '산다'는 문제에 대해 무엇이라고 말합니까?

'우리는 생명이 사망을 이기는 세계에 살고 있다. 우리는 영생의 세계에 속해 있다'는 것을 말합니다. (111쪽)

2. 음행 중에 잡힌 여인에게 하신 말씀, '가서 다시는 죄를 범하지 말라'라는 예수님의 말씀을 설명해 봅시다.

이 말씀은 그저 도덕적인 가르침이 아니라, 이런 죄를 짓는 비참한 인생을 살지 말고 하나님이 인간에게 허락하신 영광된 삶을 살라는 초대입니다. (112쪽)

3. 여전히 사망의 권세가 힘을 쓰는 세상에서 신자는 어떤 책임을 가지고 살아야 합니까?

영생에 대한 책임입니다. (114쪽)

11 · 나의 장례할 날을 위하여

1. 성경이 가룟 유다를 통해 알려 주고 있는 사실은 무엇입니까?

예수님이 누구신지 모르면 인생은 거짓말하고 속이는 것 외에 아무것도 할 것이 없다는 사실입니다. (121쪽)

2. 마리아가 감격과 기쁨으로 예수님의 발에 향유를 부으면서도 몰랐던 사실은 무엇입니까?

예수님이 죽으심으로 자신의 감사와 경배를 온전하게 한다는 사실입니다. (121쪽)

3. 마리아의 향유를 부은 행위가 예수의 장례를 예비했다고 이야 기하는 것은 어떤 선언입니까?

'예수님은 당신이 죽는 자리까지 그들을 위하실 것이다. 이것 이 하나님의 기쁨이다'라는 선언입니다. (125쪽)